DR. OETKER

KARTOFFELN

DR. OETKER

KARTOFFELN

CERES

Speck-Kartoffel-Salat

(Foto)

800 g kleine, mehligkochende Kartoffeln	waschen, in Wasser zum Kochen bringen, etwa 15 Minuten kochen lassen, abgießen, abdämpfen, die Kartoffeln etwas abkühlen lassen, pellen, größere Kartoffeln halbieren
250 ml (1/4 l) heiße Gemüsebrühe	mit
2 EL Weißweinessig	
2 TL Rotisseur-Senf	
Salz	
Pfeffer	würzen, heiß über die Kartoffeln geben
4 Stangen Staudensellerie	putzen, waschen, das Grün beiseite legen, die harten Außenfäden abziehen, den Sellerie in Scheiben schneiden, zu den Kartoffeln geben
200 g Frühstücksspeck	in Streifen schneiden
2 EL Speiseöl	erhitzen, den Speck darin kroß ausbraten
4 rote Zwiebeln	abziehen, halbieren, in Scheiben schneiden, zu dem Speck geben, kurz mitdünsten, beides zu den Kartoffeln geben, einige Stunden durchziehen lassen, nochmals abschmecken, mit dem Selleriegrün garnieren.

Warmer Kartoffelsalat

1 kg festkochende Kartoffeln	waschen, in Wasser zum Kochen bringen, in 20–25 Minuten gar kochen lassen, abgießen, abdämpfen, heiß pellen, in Scheiben schneiden.
	Für die Salatsauce
75 g fetten Speck	in Würfel schneiden, auslassen, das Speckfett durch ein Sieb in eine Schüssel gießen
2 Zwiebeln	abziehen, würfeln, mit
125 ml (1/8 l) heißer Gemüsebrühe	zum Kochen bringen, 3–5 Minuten kochen lassen
4 EL Kräuteressig	
Salz, Pfeffer	
Zucker	unterrühren, das flüssige Speckfett dazugeben, die Salatsauce mit den warmen Kartoffelscheiben vermengen, ein paar Stunden durchziehen lassen, anschließend in den Backofen schieben
Ober-/Unterhitze	etwa 150 °C (vorgeheizt)
Heißluft	etwa 130 °C (nicht vorgeheizt)
Gas	etwa Stufe 1 (vorgeheizt)
Garzeit	15–20 Minuten
	ab und zu durchschwenken den Kartoffelsalat mit Salz, Pfeffer, Kräuteressig abschmecken
2 EL Schnittlauchröllchen	unterrühren, die Grieben (ausgelassene Speckwürfel) darauf verteilen.

Klassischer Kartoffelsalat

1 kg festkochende Kartoffeln	waschen, in Wasser zum Kochen bringen, in 20–25 Minuten gar kochen, abgießen, abdämpfen, noch heiß pellen, erkalten lassen, in Scheiben schneiden.
	Für die Marinade
125 ml (1/8 l) heiße Fleischbrühe	mit
3 EL Weinessig	verrühren, mit
Salz, Pfeffer	kräftig würzen, über die Kartoffeln geben, gut durchziehen lassen.
	Für die Mayonnaise
1 Eigelb	mit
1 EL Essig	
1 TL Senf	
1 gestr. TL Salz	
1 TL Zucker	
Pfeffer	verrühren
125 ml (1/8 l) Speiseöl	nach und nach unterschlagen, wenn die Kartoffeln die Marinade nicht vollständig aufgesogen haben, diese Flüssigkeit abgießen, die Mayonnaise mit den Kartoffeln vermengen
1 säuerlichen Apfel (z.B. Boskop)	schälen, vierteln, entkernen, in Scheiben schneiden
1 große Zwiebel	abziehen, würfeln
2 Gewürzgurken	in Scheiben schneiden die drei Zutaten mit dem Kartoffelsalat vermengen, den Salat gut durchziehen lassen, mit Salz, Pfeffer und Weinessig abschmecken
2 EL gehackte Petersilie	unterrühren, mit
Eierscheiben	
Tomatenachteln	
Petersilienblättchen	garnieren.

Berner Kartoffelsalat

750 g Kartoffeln	waschen, in Wasser zum Kochen bringen, in 20–25 Minuten gar kochen, abgießen, abdämpfen, noch heiß pellen, in Scheiben schneiden, in eine Salatschüssel geben, dabei lagenweise mit
Salz	
Pfeffer	bestreuen.
	Für die Salatsauce
125 ml (1/8 l) Milch	erhitzen
2 EL Butter	hineingeben, gut verrühren, mit
1 TL Senf	
Salz, Pfeffer	würzen
60–80 g geriebenen Emmentaler Käse	unter die heiße Milch rühren, so lange rühren, bis eine dickliche Sauce entstanden ist, evtl. mit Salz, Pfeffer abschmecken, heiß über die Kartoffelscheiben gießen, den Salat sofort servieren.

Grüner Kartoffelsalat

1 kg neue Kartoffeln	waschen, in Wasser zum Kochen bringen, in 20–25 Minuten gar kochen lassen, abgießen, abdämpfen, heiß pellen, erkalten lassen, etwa 12 Stunden kalt stellen, in Scheiben schneiden
125 ml (1/8 l) Essig	mit
125 ml (1/8 l) Wasser	
2 TL Instant-Fleischbrühe	
1–2 TL Zucker	
Salz, Pfeffer	zum Kochen bringen
1 Zwiebel	abziehen, fein würfeln, hinzufügen, kurz aufkochen lassen, über die Kartoffelscheiben gießen, vorsichtig durchheben, die Flüssigkeit muß von den Kartoffeln vollkommen aufgenommen werden
1 Bund Dill	
1 Bund Petersilie	
1 Zweig Zitronenmelisse	
5 Salbeiblätter	die Kräuter abspülen, trockentupfen, die Blättchen von den Stengeln zupfen, die Blättchen fein hacken
1 kleine Salatgurke	schälen, in kleine Würfel schneiden, mit den Kräutern unter die Kartoffelscheiben mischen
150 g saure Sahne	getrennt dazu reichen.

Pikanter Kartoffelsalat

750 g Kartoffeln	waschen, in Wasser zum Kochen bringen, in 20–25 Minuten gar kochen lassen, abgießen, abdämpfen, noch heiß pellen, in Scheiben schneiden
200 g gekochtes Rindfleisch	in Würfel schneiden
1 Stange Lauch (Porree)	putzen, das dunkle Grün bis auf etwa 10 cm entfernen, den Lauch längs halbieren, waschen, in schmale Streifen schneiden
150 g gedünstete Pfifferlinge	evtl. halbieren
3–4 Tomaten	kurze Zeit in kochendes Wasser legen (nicht kochen lassen), in kaltem Wasser abschrecken, enthäuten, die Stengelansätze herausschneiden, die Tomaten in Würfel schneiden.
	Für die Salatsauce
1 große Zwiebel	abziehen, würfeln, mit
6 EL Speiseöl	
4–5 EL Kräuteressig	
1 TL Senf	verrühren, mit
Salz	
frisch gemahlenem schwarzem Pfeffer	würzen, mit den Salatzutaten vermengen
	den Salat etwa 1 Stunde durchziehen lassen.

Warme Schnittlauchkartoffeln

(Foto)

1 kg Kartoffeln	waschen, in Wasser zum Kochen bringen, in 20–25 Minuten gar kochen lassen, abgießen, abdämpfen, noch heiß pellen, erkalten lassen, in Scheiben schneiden.
	Für die Schnittlauchsauce
30 g Butter	zerlassen
30 g Weizenmehl	unter Rühren so lange darin erhitzen, bis es hellgelb ist
250 ml (1/4 l) Milch	
250 ml (1/4 l) Wasser	
1 Brühwürfel für Fleischbrühe (für 250 ml)	hinzufügen, mit einem Schneebesen durchschlagen, darauf achten, daß keine Klümpchen entstehen die Sauce zum Kochen bringen, etwa 5 Minuten kochen lassen, mit
Salz	abschmecken, die Kartoffeln,
2 EL feingeschnittenen Schnittlauch	hinzufügen, etwa 10 Minuten ziehen lassen, evtl. nochmals abschmecken.

Gebratener Kartoffelsalat mit Räucherlachs

750 g festkochende Kartoffeln	waschen, schälen, abspülen, in etwa 1 cm große Würfel schneiden
6 EL Speiseöl	erhitzen, die Kartoffelwürfel darin unter häufigem Wenden leicht braun braten, zudecken, in etwa 10 Minuten garen
2 EL Sesamsamen	zu den Kartoffeln geben, kurz mitrösten, Kartoffeln herausnehmen, in eine Schüssel geben
3 EL Weißweinessig	über die Kartoffeln geben, mit
Salz	
Pfeffer	würzen
1 Salatgurke	waschen, evtl. schälen, halbieren, entkernen, das Fruchtfleisch in etwa 1 cm große Würfel schneiden
200 g Räucherlachs (in Scheiben)	evtl. entgräten, in Streifen schneiden
1 Bund Dill	abspülen, trockentupfen, fein hacken Gurkenwürfel, Räucherlachs und Dill unter die Kartoffeln mengen.
Tip	Der Salat schmeckt auch ohne Räucherlachs als Beilage zu kurzgebratenem Fisch oder Fleisch. Anstatt Lachs schmeckt auch Feldsalat oder Rauke.

Kartoffelsalat mit Keimlingen

400 g fest-kochende Kartoffeln	waschen, in Wasser zum Kochen bringen, in 20–25 Minuten gar kochen, abgießen, abdämpfen, noch heiß pellen, abkühlen lassen, in Scheiben schneiden
1/2 Salatgurke (etwa 200 g)	waschen, abtrocknen, evtl. längs halbieren, in Scheiben schneiden
1 Bund Radieschen	putzen, waschen, in Scheiben schneiden
2 Frühlings-zwiebeln	putzen, waschen, in Ringe schneiden
200 g Sojabohnen- oder Rettich-keimlinge	verlesen, waschen, abtropfen lassen.
	Für die Salatsauce
1 Becher (150 g) Joghurt	mit
2 EL Rotwein-essig	
2 EL Schlagsahne	
1 TL scharfem Senf	verrühren, mit
Salz	
Pfeffer	
gerebeltem Majoran	würzen, mit den Salatzutaten vermengen.

Kartoffelsalat mit Wein

1 kg fest-kochende Kartoffeln	gründlich waschen oder abbürsten, mit
250 ml (1/4 l) Rotwein	
2 abgespülten Salbeizweigen	
2 abgespülten Rosmarin-zweigen	
3 abgezogenen Knoblauchzehen	
Salz	
frisch gemahlenem Pfeffer	
10 schwarzen Pfefferkörnern	aufsetzen, so viel
Wasser	zugießen, daß die Kartoffeln bedeckt sind, in 20–25 Minuten gar kochen, aus dem Topf nehmen, die Garflüssigkeit nicht weggießen, die Kartoffeln noch heiß pellen, erkalten lassen, in Scheiben schneiden, mit Salz, Pfeffer,
1 EL Olivenöl	und so viel Kochflüssigkeit vermengen, daß sie schön feucht sind.
Tip	Dieser Kartoffelsalat schmeckt besonders gut zu einem Schweinekotelett und einem Glas Rotwein.

Bunter Kartoffelsalat

750 g kleine festkochende Kartoffeln	waschen, in Wasser zum Kochen bringen, in 20–25 Minuten gar kochen lassen, abgießen, abdämpfen, pellen, in Scheiben schneiden
1 Zwiebel	abziehen, würfeln, mit
125 ml ($^1/_8$ l) Fleischbrühe	
4 EL Essig	
1 TL Zucker	
Pfeffer	aufkochen lassen, den Sud mit
Salz	abschmecken, über die warmen Kartoffelscheiben gießen, ziehen lassen, bis die Marinade von den Kartoffeln vollkommen aufgenommen worden ist
1 Bund Radieschen	putzen, waschen, in Scheiben schneiden
150 g Maiskörner (aus dem Glas)	abtropfen lassen, mit den Radieschenscheiben zu den Kartoffeln geben
1 EL geriebenen Meerrettich	mit
1 EL Mayonnaise	
150 g saurer Sahne	
3 EL Zitronensaft	
1 TL Zucker	verrühren, unter den Salat rühren
1 Bund Dill	
2 Zweige Zitronenmelisse	abspülen, trockentupfen, die Blättchen abzupfen, hacken, unter den Salat mengen.

Kartoffel-Broccoli-Salat

600 g Kartoffeln	waschen, in Wasser zum Kochen bringen, in 20–25 Minuten gar kochen lassen, abgießen, abdämpfen, pellen, etwas abkühlen lassen, in Scheiben schneiden von
400 g Broccoli	die Blätter entfernen, den Broccoli waschen, in Röschen teilen, die Röschen in
kochendem Salzwasser	etwa 10 Minuten garen
2 mittelgroße Zwiebeln	abziehen, fein würfeln, mit
4 EL Weißweinessig	
Salz	
frisch gemahlenem weißem Pfeffer	
etwas Zucker	
1 Msp. Senf	verrühren
6 EL Sojaöl	unterrühren Kartoffelscheiben, Broccoliröschen,
150 g Nordsee-Krabben oder Shrimps	vorsichtig mit der Marinade verrühren, etwas ziehen lassen, den Salat evtl. nochmals abschmecken
einige Blätter Endiviensalat	waschen, trockentupfen, den Salat darauf anrichten.

Bouillonkartoffeln

(Foto)

500 g Rinderbrust unter fließendem kaltem Wasser abspülen, in
2 l Salzwasser geben, zum Kochen bringen, in etwa 2 Stunden gar kochen lassen, das gare Fleisch aus der Brühe nehmen, in Alufolie einschlagen, im Backofen warm stellen
800 g Kartoffeln waschen, schälen, abspülen
100 g Sellerieknolle putzen, schälen, waschen
5 Möhren putzen, schälen, waschen
das Gemüse in kleine, gleichmäßige Würfel schneiden (Kartoffeln können auch in größere Würfel geschnitten werden)
1 Stange Lauch (Porree) putzen, längs halbieren, gründlich waschen, den Lauch in Ringe schneiden, mit dem übrigen Gemüse in einen Topf geben, mit der Rindfleischbrühe auffüllen, zum Kochen bringen, etwa 30 Minuten kochen lassen, mit Salz,
frisch gemahlenem Pfeffer abschmecken, mit
gehackter Petersilie bestreuen
das Fleisch aus dem Backofen nehmen, in Scheiben schneiden, auf einer Platte anrichten, dazureichen.

Kartoffelsuppe Westfalen

500 g Kartoffeln waschen, schälen, abspülen, in Würfel schneiden
1 Stange Lauch (Porree) putzen, längs halbieren, gründlich waschen, in Ringe schneiden, evtl. nochmals waschen
die beiden Zutaten in
1 l kochende Fleischbrühe geben, zum Kochen bringen, etwa 25 Minuten kochen lassen, durch ein Sieb streichen oder pürieren, die Suppe mit
Salz
frisch gemahlenem Pfeffer
geriebener Muskatnuß abschmecken, zum Kochen bringen
250 ml (1/4 l) Schlagsahne unterrühren, zum Kochen bringen, kurze Zeit schwach kochen lassen
die Suppe mit
1 Bund feingeschnittenem Schnittlauch bestreuen, sofort servieren.
Tip Die Kartoffelsuppe Westfalen mit würzigem Bauernbrot servieren.

Kartoffelsuppe mit Tomaten

2 Zwiebeln	abziehen, würfeln
1 Bund Suppengrün	putzen, waschen, in Würfel oder Streifen schneiden
2 EL Butter oder Margarine	zerlassen, beide Zutaten darin andünsten
1 l Fleischbrühe	hinzugießen, zum Kochen bringen
500–600 g mehligkochende Kartoffeln	waschen, schälen, abspülen, in kleine Würfel schneiden, hinzufügen, zum Kochen bringen, in etwa 15 Minuten gar kochen lassen, Kartoffeln und Gemüse pürieren
1 Becher (150 g) saure Sahne	unter die Suppe rühren
1 EL gehackte Basilikumblättchen	
2 EL Schnittlauchröllchen	hinzufügen
300 g Tomaten	kurze Zeit in kochendes Wasser legen (nicht kochen lassen), in kaltem Wasser abschrecken, enthäuten, die Tomaten halbieren, die Stengelansätze herausschneiden, das Tomatenfleisch in Würfel schneiden, in die Suppe geben, erhitzen die Suppe mit
Salz frisch gemahlenem Pfeffer	abschmecken.

Käse-Kartoffel-Suppe

500 g Kartoffeln	waschen, schälen, abspülen, in Würfel schneiden
1 Zwiebel	
1 Knoblauchzehe	beides abziehen, fein würfeln
1 Stange Lauch (Porree)	putzen, längs halbieren, gründlich waschen, in Streifen schneiden
1 Möhre	putzen, schälen, waschen
30 g Butter	zerlassen, das Gemüse – außer der Möhre – darin andünsten, mit
750 ml (3/4 l) Gemüsebrühe	auffüllen, etwa 15 Minuten kochen lassen, die ganze Möhre hinzugeben, mitgaren, anschließend herausnehmen, in Scheiben schneiden, dekorativ ausstechen die restliche Suppe pürieren, durch ein Sieb streichen, mit
125 ml (1/8 l) Schlagsahne	verfeinern, mit
Salz, Pfeffer gerebeltem Kerbel	abschmecken, einmal aufkochen
125 g mittelalten Gouda	reiben, 50 g davon in der Suppe schmelzen lassen, die ausgestochenen Möhrenscheibchen in der Suppe erwärmen
8 Scheiben Baguette	toasten, den restlichen Käse darauf streuen, die Suppe in 4 feuerfeste Tassen füllen, die Brotscheiben darauf verteilen, unter den heißen Grill schieben, bis der Käse schmilzt.

Kartoffelsuppe mit Wirsing

2–3 Fleischknochen	unter fließendem kaltem Wasser abspülen, in
1 1/4 l Salzwasser	geben, zum Kochen bringen, abschäumen
250–375 g durchwachsenen Speck	hinzufügen, zum Kochen bringen, etwa 45 Minuten kochen lassen, die Brühe durch ein Sieb gießen, wieder mit dem Speck zum Kochen bringen
750 g Kartoffeln	waschen, schälen, abspülen
200 g Möhren	putzen, schälen, waschen
125 g Sellerieknolle	putzen, schälen, waschen die 3 Zutaten in Würfel schneiden
1 Stange Lauch (Porree)	putzen, längs halbieren, gründlich waschen, in Streifen schneiden
350 g Wirsing (vorbereitet gewogen)	vierteln, den Strunk herausschneiden, den Wirsing waschen, in etwa 2 cm breite Streifen schneiden die Kartoffeln mit dem Gemüse in die Brühe geben, mit
Salz	würzen, zum Kochen bringen, 20–25 Minuten kochen lassen, den Speck herausnehmen, in Scheiben oder Würfel schneiden, wieder in die Suppe geben, mit Salz abschmecken, mit
gehackter Petersilie	bestreuen.

Kartoffelsuppe mit Roquefort

1 große Zwiebel	abziehen, fein würfeln
150 g Möhren	putzen, schälen, waschen, kleinwürfeln, ein Drittel davon beiseite stellen
3 EL Speiseöl	erhitzen, die restlichen Möhren mit den Zwiebeln darin andünsten
500 g mehligkochende Kartoffeln	waschen, schälen, abspülen, würfeln, hinzufügen, mit
1 l Gemüsebrühe	aufgießen mit
1 TL Salz **1/2 TL schwarzem Pfeffer** **1/4 TL geriebener Muskatnuß** **1/4 TL gemahlenem Piment** **1/4 TL gemahlenem Kümmel**	würzen
1 Lorbeerblatt	zufügen, in etwa 30 Minuten gar kochen lassen, nach der Garzeit das Lorbeerblatt herausnehmen, die Suppe mit einem Pürierstab pürieren
150 g Roquefort	zerbröckeln, in die Suppe geben, 10 Minuten in der Suppe köcheln lassen
2 Bund Schnittlauch	abspülen, trockentupfen, in feine Röllchen schneiden, vor dem Servieren auf die Suppe streuen.

Gemüse-Kartoffel-Suppe

350 g Kartoffeln	waschen, schälen, abspülen, in grobe Würfel schneiden
100 g Sellerieknolle	putzen, schälen, waschen, in Würfel schneiden
1 Zwiebel	abziehen, fein würfeln
1 Stange Lauch (Porree)	putzen, längs halbieren, gründlich waschen, in Streifen schneiden
3 EL Sojaöl	in einem Topf erhitzen Zwiebelwürfel und Lauchstreifen darin andünsten Kartoffel- und Selleriewürfel hinzufügen, mitandünsten, mit
750 ml (3/4 l) Gemüsebrühe	ablöschen, 15–20 Minuten kochen lassen, mit dem Schneidestab des Handrührgerätes pürieren, durch ein Sieb streichen
200 ml Schlagsahne	unterrühren, erhitzen, mit
Salz, Pfeffer geriebener Muskatnuß	abschmecken
4 mittelgroße Tomaten	kurze Zeit in kochendes Wasser legen (nicht kochen lassen), in kaltem Wasser abschrecken, enthäuten, vierteln, entkernen, die Stengelansätze herausschneiden, das Tomatenfleisch in Würfel schneiden, in die Suppe geben, mit
Kerbelblättchen	garnieren, warm oder gut gekühlt anrichten.

Schlesische Kartoffelsuppe

(Foto)

1 Zwiebel	abziehen, würfeln
75 g durchwachsenen Speck	in Würfel schneiden
2–3 EL Speiseöl	erhitzen, Zwiebel- und Speckwürfel darin andünsten
1/2 Sellerieknolle	putzen, schälen, waschen, in Würfel schneiden
1 Stange Lauch (Porree)	putzen, längs halbieren, gründlich waschen, in Scheiben schneiden
500 g Kartoffeln	waschen, schälen, abspülen, in Würfel schneiden das Gemüse zu der Speck-Zwiebel-Masse geben, kurz mitdünsten lassen
1 l Wasser	hinzugießen
3 gestrichene EL Klare Instant-Fleischbrühe	unterrühren, zum Kochen bringen, in etwa 30 Minuten gar kochen lassen
2 Paar Knoblauchwürste 2–3 Gewürzgurken	die beiden Zutaten in Scheiben schneiden, kurz vor Beendigung der Garzeit in die Suppe geben, miterhitzen.

Kartoffelmaultaschen mit Rauke-Butter-Sauce

(Etwa 20 Stück)

Für die Füllung

30 g Butter zerlassen

200 g Champignons putzen, mit Küchenpapier abreiben, evtl. abspülen, fein würfeln, in der Butter andünsten, mit

Salz

frisch gemahlenem Pfeffer würzen

1 Fleischtomate kurze Zeit in kochendes Wasser legen (nicht kochen lassen), in kaltem Wasser abschrecken, enthäuten, vierteln, entkernen, den Stengelansatz herausschneiden, das Tomatenfleisch in feine Würfel schneiden Tomatenwürfel,

50 g Crème double unterrühren, erkalten lassen.

Für die Kartoffelmaultaschen

1 1/2 kg mehligkochende Kartoffeln waschen, in Wasser zum Kochen bringen, in 20–25 Minuten gar kochen lassen, abgießen, abdämpfen, pellen, durch die Kartoffelpresse drücken

20 g Butter

Salz

geriebene Muskatnuß

1 Eigelb unterrühren, etwas erkalten lassen

100 g Weizenmehl unterrühren

den Kartoffelteig auf einer bemehlten Arbeitsfläche in kleinen Portionen etwa 1/2 cm dick ausrollen, mit einem gezackten Ausstechförmchen Kreise (Durchmesser 8 cm) ausstechen, gut 1 Teelöffel der Füllung darauf verteilen, übereinanderschlagen, die Ränder andrücken

1 1/2 l Salzwasser zum Kochen bringen, Kartoffelmaultaschen portionsweise hineingeben, so lange ziehen lassen, bis sie an die Oberfläche steigen, mit einem Schaumlöffel herausnehmen, warm stellen.

Für die Rauke-Butter-Sauce

50 g Rauke (ersatzweise Spinat) waschen, die unteren Stielenden entfernen, die Rauke trockentupfen, fein hacken, mit

1 EL Zitronensaft

100 g weicher Butter verrühren

1 Schalotte abziehen, fein würfeln, mit

250 ml (1/4 l) trockenem Weißwein zum Kochen bringen, auf die Hälfte einkochen lassen

1 EL Schlagsahne unterrühren, die Kräuterbutter mit dem Pürierstab in der Sauce aufschlagen (Rauke darf nicht zu stark erhitzt werden, sie wird sonst braun), mit Salz und Pfeffer abschmecken, zu den Kartoffelmaultaschen reichen.

Ungarisches Kartoffelgulasch

1 kg Kartoffeln	waschen, schälen, abspülen, in etwa 2 cm große Würfel schneiden, auf Küchenpapier trocknen lassen
50 g fetten Speck	in sehr kleine Würfel schneiden
1 EL Speiseöl	erhitzen, die Speckwürfel darin auslassen
2 Zwiebeln	abziehen, halbieren, fein würfeln, hinzufügen, andünsten lassen
1 grüne Paprikaschote	halbieren, entstielen, entkernen, die weißen Scheidewände entfernen, die Schote waschen, in Streifen schneiden, zu den Zwiebeln geben, mitdünsten lassen die abgetropften Kartoffelwürfel dazugeben
1 Knoblauchzehe	abziehen, zerdrücken, hinzugeben, mit
2 EL Paprika edelsüß	
1 Msp. gemahlenem Kümmel	
Salz	würzen
500 ml (1/2 l) heiße Fleischbrühe	hinzugießen, zum Kochen bringen, bei schwacher Hitze 25–30 Minuten garen lassen, zum Schluß
4 EL saure Sahne	unterrühren.

Kartoffeleintopf

800 g Kartoffeln	waschen, schälen, abspülen, in kleine Würfel schneiden
1 Stange Lauch (Porree)	putzen, längs halbieren, gründlich waschen, kleinschneiden
2 Möhren (etwa 200 g)	putzen, schälen, waschen, in Würfel schneiden
etwa 200 g Petersilienwurzel oder Sellerieknolle	putzen, schälen, waschen, in Würfel schneiden
75 g Butter	zerlassen, die Möhren- und Petersilien- bzw. Selleriewürfel darin andünsten, die Kartoffelwürfel dazugeben, mit
1 l Gemüsebrühe	auffüllen, zum Kochen bringen, etwa 10 Minuten garen, anschließend Lauch,
4 Mettenden	dazugeben, weitere 10 Minuten garen, die Suppe mit
Salz frisch gemahlenem Pfeffer	abschmecken, die Mettenden herausnehmen, in Scheiben schneiden, wieder in die Suppe geben, mit
2 EL gehackter Petersilie	bestreuen.

Kartoffel-Paprika-Curry

Etwa 800 g kleine Kartoffeln	waschen, schälen, abspülen, mit einer Nadel rundherum einstechen, die Kartoffeln trockentupfen
3 EL Speiseöl	erhitzen, die Kartoffeln darin unter ständigem Rühren in 15 Minuten von allen Seiten braun braten
3 grüne und 3 gelbe Paprikaschoten	halbieren, entstielen, entkernen, die weißen Scheidewände entfernen, die Schoten waschen, in etwa 2 cm große Quadrate schneiden
1 EL Speiseöl	erhitzen, die Paprika darin etwa 5 Minuten andünsten
2 Zwiebeln	abziehen, fein würfeln
1 EL Speiseöl	in einem Topf erhitzen
1 TL Koriander-samen	
12 schwarze Pfefferkörner	
1/2 TL Kümmel	
2 EL abgezogene gehackte Mandeln	
1/2 TL gemahlenen Kardamom	
geriebene Muskatnuß	darin anrösten, die Zwiebelwürfel dazugeben,
1 Knoblauchzehe	abziehen, zerdrücken, mit
2 TL Salz	
5 EL Wasser	zu den Zwiebeln geben, unterrühren, etwa 10 Minuten dünsten lassen, dabei nach und nach
250 g Joghurt	hinzufügen, Kartoffeln und Paprika dazugeben, etwa 10 Minuten schmoren lassen
2 EL gehackte Petersilie	unterrühren.

Kartoffelcremesuppe mit Geflügelfleisch und Salbei

3 Schalotten	abziehen, fein hacken
1 EL Butter	zerlassen, die Schalottenwürfel darin andünsten
375 g Kartoffeln	waschen, schälen, abspülen, kleinschneiden, zu den Schalotten geben, etwa die Hälfte von
750 ml (3/4 l) Geflügelbrühe	hinzugießen, 15–20 Minuten kochen lassen, anschließend mit dem Pürierstab oder im Mixer fein pürieren die restliche Geflügelbrühe,
125 ml (1/8 l) Schlagsahne	dazugeben
250 g gekochtes Geflügelfleisch	in mundgerechte Stücke schneiden, in die Suppe geben, erhitzen
2 EL Salbeiblätter	abspülen, kleinschneiden, unter die Kartoffelcremesuppe rühren, zum Schluß
4 EL trockenen Weißwein	in die Suppe geben.

Kartoffelklöße mit Lauchstreifen

(Foto)

500 g Lauch (Porree)	putzen, längs halbieren, gründlich waschen, in feine Streifen schneiden
50 g Butter	zerlassen, die Lauchstreifen darin 6–8 Minuten andünsten, mit
Salz	
Pfeffer	abschmecken, auf ein Sieb geben, abtropfen lassen, erkalten lassen
1 1/4 kg Kartoffeln	waschen, schälen, abspülen, nicht zu fein reiben, in einem Küchentuch gut auspressen
250 ml (1/4 l) Milch	mit
20 g Butter	
Salz	zum Kochen bringen
100 g Weizengrieß	unter Rühren einstreuen, bei schwacher Hitze etwa 10 Minuten ausquellen lassen geriebene Kartoffeln gut unter den heißen Grieß mischen, mit Salz abschmecken, die Lauchstreifen unterheben
1 Brötchen (Semmel)	in kleine Würfel schneiden
30 g Butter	zerlassen, die Brötchenwürfel darin braun braten aus der Kartoffelmasse mit nassen Händen etwa 12 Klöße formen, in jeden Kloß einige Brötchenwürfel drücken, zusammendrücken
3 l Salzwasser	zum Kochen bringen, alle Klöße hineingeben, zum Kochen bringen, bei milder Hitze in etwa 20 Minuten gar ziehen lassen, die Klöße mit einer Schaumkelle herausnehmen
60 g Butter	zerlassen
2–3 EL Semmelbrösel	darin etwas bräunen lassen, über die Klöße geben.

Klöße halb und halb

(Für 6 Personen)

750 g Kartoffeln	waschen, in Wasser zum Kochen bringen, in 20–25 Minuten gar kochen lassen, abgießen, abdämpfen, pellen, sofort durch die Kartoffelpresse geben, bis zum nächsten Tag kalt stellen
500 g Kartoffeln	waschen, schälen, abspülen, in eine Schüssel mit Wasser reiben, in einem Tuch fest auspressen, zu den gekochten Kartoffeln geben
1 Ei	
65 g Weizenmehl	
1 TL Salz	unterkneten aus dem Teig mit bemehlten Händen 18 Klöße formen, in
kochendes Salzwasser	geben, zum Kochen bringen, in 15–20 Minuten gar ziehen lassen (das Wasser muß sich leicht bewegen) die garen Klöße gut abtropfen lassen.
Tip	Klöße halb und halb zu Rouladen oder Schweinebraten reichen.

Schupfnudeln auf Sauerkraut

(Foto – etwa 36 Stück)

300 g Kartoffeln	waschen, schälen, abspülen, in
Salzwasser	zum Kochen bringen, in 15–20 Minuten gar kochen lassen, abgießen, abdämpfen, sofort durch die Kartoffelpresse geben, erkalten lassen, mit
1 Ei	
100 g Weizenmehl	verrühren, mit
Salz	
Pfeffer	
geriebener Muskatnuß	abschmecken, aus der Masse mit bemehlten Händen fingerdicke Röllchen (5 cm lang) formen, an den Enden etwas dünner rollen, die Röllchen in
kochendes Salzwasser	geben, zum Kochen bringen, in 3–4 Minuten gar ziehen lassen (das Wasser muß sich leicht bewegen), die Schupfnudeln gut abtropfen lassen
30 g Butter	zerlassen, die Schupfnudeln kurz darin anbraten, warm stellen
1 Zwiebel	abziehen, fein würfeln
50 g Butter	zerlassen, die Zwiebelwürfel darin andünsten
400 g Sauerkraut	lockerzupfen, zu den Zwiebeln geben, erhitzen, zum Schluß die Schupfnudeln untermengen.

Kartoffelspatzen

750 g Kartoffeln	waschen, schälen, abspülen, in Stücke schneiden, in
Salzwasser	zum Kochen bringen, in 15–20 Minuten gar kochen lassen, abgießen, abdämpfen, sofort heiß durch die Kartoffelpresse geben
3–4 Zwiebeln	abziehen, fein würfeln
150 g durchwachsenen Speck	in kleine Würfel schneiden, auslassen, die Zwiebelwürfel darin glasig dünsten lassen, mit
1 Bund feingeschnittenem Schnittlauch	
3 Eigelb	zu dem Kartoffelbrei geben, alle Zutaten zu einem glatten Teig verkneten, kalt stellen aus dem Teig fingerdicke Würstchen formen
4–5 EL Butter oder Margarine	zerlassen, die Kartoffelspatzen darin portionsweise in 3–5 Minuten von allen Seiten goldbraun backen.
Tip	Kartoffelspatzen als Beilage zu Braten oder als kleine Mahlzeit mit einem Salat reichen.

Gefüllte Speckknödel

750 g mehlig-kochende Kartoffeln	waschen, in Wasser zum Kochen bringen, in 20–25 Minuten gar kochen lassen, abgießen, abdämpfen, pellen, abkühlen lassen, durch die Kartoffelpresse geben
125 g Weizenmehl	
1 Ei	
1–2 EL gehackte Petersilie	unterrühren, den Teig mit
weißem Pfeffer	
Paprika edelsüß	würzen
100 g durchwachsenen Speck	in kleine Würfel schneiden, mit
1–2 EL gehackter Petersilie	vermengen aus dem Kartoffelteig mit bemehlten Händen 8–10 Knödel formen, in die Mitte jedes Knödels ein Loch drücken, jeweils 1 Teelöffel Speckwürfel hineingeben, das Loch zudrücken, Knödel nochmals rund formen, in
kochendes Salzwasser	geben, zum Kochen bringen, in 15–20 Minuten gar ziehen lassen (das Wasser muß sich leicht bewegen).
Tip	Die Speckknödel mit grünem Salat und Sahnesauce zu Schweinebraten reichen.

Rohe Kartoffelklöße

500 ml (1/2 l) Milch	mit
1/2 TL Salz	zum Kochen bringen
125 g Hartweizengrieß	hineinstreuen, zum Kochen bringen, einmal aufkochen lassen, den Topf von der Kochstelle nehmen, den Grieß in etwa 30 Minuten ausquellen lassen
1 kg Kartoffeln	schälen, waschen, abspülen, reiben, die Kartoffelmasse in ein Küchentuch geben, fest auspressen, den Grieß unterrühren, mit
Salz	abschmecken, aus dem Teig eine etwa 4 cm dicke Rolle formen, jeweils eine etwa 3 cm dicke Scheibe abschneiden, mit bemehlten Händen zu Klößen formen, in
kochendes Salzwasser	geben, in 15–20 Minuten gar ziehen lassen (das Wasser muß sich leicht bewegen).
Tip	Rohe Kartoffelklöße zu Schmorbraten reichen.
Abwandlung	4 Eßlöffel gehackte Kräuter unter den Kartoffelteig rühren, die Klöße mit je 1 Würfel Mozzarella-Käse füllen, mit Tomatensauce übergießen und im Backofen überbacken.

Gnocchi im Spinatbett

750 g mehlig-kochende Kartoffeln	waschen, in Wasser zum Kochen bringen, in 15–20 Minuten gar kochen lassen, abgießen, abdämpfen, durch die Kartoffelpresse drücken, auskühlen lassen
1/2 TL Salz	
250 g Weizenmehl	unterarbeiten, den Teig auf einer bemehlten Arbeitsfläche zu Rollen von etwa 2 cm Durchmesser formen, die Rollen in etwa 2 cm lange Stücke schneiden, mit einer Gabel jeweils flachdrücken, in
kochendes Salzwasser	geben, zum Kochen bringen, 3–4 Minuten ziehen lassen, sobald sie an die Oberfläche steigen, mit einem Schaumlöffel herausholen, abtropfen lassen
1 kg Spinat	sorgfältig verlesen, waschen, abtropfen lassen
1 Zwiebel	
1 Knoblauchzehe	beide Zutaten abziehen, fein würfeln
40 g Butter	zerlassen, Zwiebel- und Knoblauchwürfel darin andünsten, Spinat hinzufügen, in 3–4 Minuten gar dünsten lassen, bis er zusammenfällt, mit Salz, Pfeffer,
geriebener Muskatnuß	abschmecken, den Spinat in einer großen, gefetteten Auflaufform verteilen, die Gnocchi in den Spinat drücken
200 g Frischkäse mit Kräutern	mit
125 ml (1/8 l) Schlagsahne	verrühren, über die Gnocchi verteilen, die Form auf dem Rost in den Backofen schieben
Ober-/Unterhitze	etwa 200 °C (vorgeheizt)
Heißluft	etwa 180 °C (nicht vorgeheizt)
Gas	Stufe 3–4 (vorgeheizt)
Backzeit	etwa 15 Minuten.

Kartoffelgnocchi

750 g Kartoffeln	waschen, schälen, abspülen, in
Salzwasser	zum Kochen bringen, in 15–20 Minuten gar kochen lassen, abgießen, abdämpfen, sofort durch die Kartoffelpresse geben, erkalten lassen, die Kartoffeln mit
50 g geriebenem Parmesan-Käse	
150 g Weizenmehl	
2 Eiern	verrühren, mit
Salz, Pfeffer	abschmecken, mit bemehlten Händen aus dem Teig knapp 2 cm dicke und 5 cm lange Röllchen formen, in
kochendes Salzwasser	geben, zum Kochen bringen, in 7–10 Minuten gar ziehen lassen (das Wasser muß sich leicht bewegen), die garen Gnocchi gut abtropfen lassen, in eine vorgewärmte Schüssel geben
75 g Butter	zerlassen, über die Gnocchi gießen.

Überbackene Gnocchi mit Rauke

(Foto)

500 g Gnocchi (aus der Packung)	nach Anleitung auf der Packung in
kochendem Salzwasser	gar kochen, auf ein Sieb geben, abtropfen lassen
2 Knoblauchzehen	
2 Zwiebeln	beide Zutaten abziehen, fein würfeln
150 g (2 Bund) italienische Rauke	
1 Topf Basilikum	beide Zutaten abspülen, die Blätter von den Stengeln zupfen, trockentupfen, einige Basilikumblätter zum Garnieren beiseite legen, die restlichen Blätter in Streifen schneiden
3 EL Olivenöl	erhitzen, Knoblauch- und Zwiebelwürfel darin andünsten, Gnocchi hinzufügen, 3 Minuten andünsten, Rauke und Basilikum dazugeben, mit
Salz	
frisch gemahlenem Pfeffer	abschmecken alles in eine feuerfeste Form füllen
150 g geriebenen Provolone-Käse	darüberstreuen, mit Pfeffer würzen, die Form auf dem Rost in den Backofen schieben
Ober-/Unterhitze	etwa 220 °C (vorgeheizt)
Heißluft	etwa 200 °C (nicht vorgeheizt)
Gas	etwa Stufe 5 (vorgeheizt)
Backzeit	etwa 5 Minuten die Gnocchi mit Basilikumblättchen garnieren.

Gnocchi in Salbeibutter

500 g mehligkochende Kartoffeln	waschen, schälen, abspülen, in
Salzwasser	zum Kochen bringen, in 15–20 Minuten gar kochen, abgießen, abdämpfen, durch die Kartoffelpresse drücken, erkalten lassen, mit
100 g Weizenmehl	
3 kleinen Eiern	zu einem Teig verarbeiten, auf einer mit Mehl bestreuten Arbeitsfläche zu länglichen Rollen formen, in etwa 2 cm lange Stücke schneiden, jedes Stück mit einer Gabel flachdrücken, in
kochendes Salzwasser	geben, zum Kochen bringen, wenn die Gnocchi an der Oberfläche schwimmen, mit einem Schaumlöffel herausnehmen
5 EL Butter	zerlassen
1 EL Salbeiblätter	abspülen, in Streifen schneiden, in der Butter anbraten, Gnocchi hinzufügen, kurz durchschwenken.
Tip	2 Eßlöffel enthäutete, entkernte Tomaten mit dem Salbei in der Butter anbraten.

Hähnchengeschnetzeltes im Kartoffelring

Für den Kartoffelring

750 g mehligkochende Kartoffeln	waschen, schälen, abspülen, kleinschneiden, in
Salzwasser	zum Kochen bringen, in 15–20 Minuten gar kochen, abgießen, abdämpfen, sofort durch die Kartoffelpresse drücken, mit
125 ml (1/8 l) heißer Milch	
2 gestr. TL Butter	zu einem Brei verrühren, mit
geriebener Muskatnuß	
Salz	
Pfeffer	abschmecken
2 EL gehackte Petersilie oder 2 EL gehackten Kerbel	unterrühren, warm stellen.

Für das Hähnchengeschnetzelte

250 g Hähnchenbrustfilet	unter fließendem kaltem Wasser abspülen, trockentupfen, in Streifen schneiden
2 Zwiebeln	abziehen, fein würfeln
1 EL Speiseöl	erhitzen, das Fleisch darin kräftig anbraten, die Zwiebelwürfel hinzufügen, goldgelb dünsten
100 ml Wasser	dazugießen, mit
1/2 TL Paprika edelsüß	
1 TL Kräuter der Provence	
1 TL zerdrückten grünen Pfefferkörnern	würzen, bei schwacher Hitze etwa 5 Minuten schmoren lassen
300 g tiefgekühlte Erbsen	unterrühren, etwa 10 Minuten mitgaren lassen
2 EL gehackte Kräuter (z. B. Estragon oder glatte Petersilie)	unterrühren, das Geschnetzelte mit wenig Salz abschmecken, eine Kranzform ausfetten, mit
gehackten Walnußkernen	ausstreuen
	vor dem Servieren das heiße Püree in die Form füllen, leicht andrücken, auf eine vorgewärmte Platte stürzen, das Geschnetzelte in die Mitte des Kartoffelringes füllen, servieren.

Kasselerbraten mit Kartoffel-Käse-Kruste

	Von
1 1/2 kg Kasseler Kotelettbraten mit Knochen	den Knochen auslösen, den Braten unter fließendem kaltem Wasser abspülen, trockentupfen, in einen Bräter geben
125 ml (1/8 l) Fleischbrühe	dazugeben, auf dem Rost in den Backofen schieben

Ober-/Unterhitze	etwa 200 °C (vorgeheizt)
Heißluft	etwa 180 °C (nicht vorgeheizt)
Gas	Stufe 3–4 (vorgeheizt)
Backzeit	etwa 45 Minuten
100 g Kartoffel-püreeflocken (aus der Packung)	mit
200 ml heißem Wasser	zu einem festen Püree verrühren
20 g Butter	
50 g geriebenen alten Gouda	
50 g geriebenen mittelalten Gouda	unterrühren
1 Bund Petersilie	
1/2 Bund Dill	
1/2 Bund Schnittlauch	
	die Kräuter abspülen, trockentupfen, kleinhacken oder -schneiden, unter das Kartoffelpüree mischen, die Masse auf das Bratenstück streichen, nochmals in den Backofen schieben
Ober-/Unterhitze	etwa 200 °C (vorgeheizt)
Heißluft	etwa 180 °C (nicht vorgeheizt)
Gas	Stufe 3–4 (vorgeheizt)
Backzeit	etwa 15 Minuten den Kasselerbraten in Scheiben geschnitten anrichten.
Tip	Anstatt Kartoffelpüree aus der Packung 250–300 g selbstgemachtes (Seite 32) nehmen.

Leichter Kartoffel-Möhren-Topf

500 g Kartoffeln	waschen, schälen, abspülen, würfeln
500 g Möhren	putzen, schälen, waschen, in Scheiben schneiden
400 g Schweinefleisch	unter fließendem kaltem Wasser abspülen, trockentupfen, in etwa 3 x 3 cm große Würfel schneiden
2 Zwiebeln	abziehen, würfeln
30 g Speiseöl	in einem breiten Topf erhitzen, das Fleisch unter Wenden darin bräunen, die Zwiebelwürfel hinzufügen, andünsten anschließend Kartoffeln und Möhren hinzufügen, andünsten, mit
Salz	
frisch gemahlenem Pfeffer	
1 TL Kurkuma	würzen, mit
375 ml (3/8 l) Gemüsebrühe	angießen, im geschlossenen Topf etwa 35 Minuten schmoren lassen.
Tip	Vor dem Servieren mit Kerbelblättchen oder grobgehackter Petersilie bestreuen.

Kartoffelrouladen

(Foto)

500 g mehligkochende Kartoffeln	waschen, schälen, abspülen, in Stücke schneiden, in
Salzwasser	zum Kochen bringen, in 15–20 Minuten gar kochen lassen, abgießen, etwas abkühlen lassen, fein hacken oder reiben, mit
100 g Weizenmehl	
50 g Speisestärke	
50 g Weizengrieß	
2 Eigelb	
25 g zerlassener Butter	
Salz	zu einem glatten Teig verarbeiten.
	Für die Füllung
250 g durchwachsenen Speck	in kleine Würfel schneiden, auslassen
1 Zwiebel	abziehen, fein würfeln, zu dem Speck geben, die Zwiebelwürfel so lange dünsten, bis sie goldbraun sind
1 EL gehackte Petersilie	
$\frac{1}{2}$ TL gehackte Majoranblätter	unterrühren, abkühlen lassen den Kartoffelteig auf einer mit
Weizenmehl	bestreuten Arbeitsfläche zu einem Rechteck ausrollen, gleichmäßig mit der Füllung bestreichen, aufrollen
1 Stoffserviette	gut mit
Butter	bestreichen, die Kartoffelroulade darin einrollen, die Enden mit Küchengarn zubinden, in
kochendes Salzwasser	geben, zum Kochen bringen, in 30–35 Minuten gar ziehen lassen, herausnehmen, kurz in kaltes Wasser tauchen, Fäden entfernen, auswickeln, die Roulade in Scheiben schneiden, mit
20 g zerlassener Butter	beträufeln, mit
gehackter Petersilie	bestreut servieren.

Kartoffelpüree

(Für 6–8 Personen)

$1\frac{1}{2}$–2 kg mehligkochende Kartoffeln	waschen, schälen, abspülen, in Würfel schneiden, in
Salzwasser	zum Kochen bringen, in 15–20 Minuten gar kochen lassen, abgießen, abdämpfen, zerstampfen
100–150 g Butter	mit
250–500 ml ($\frac{1}{4}$–$\frac{1}{2}$ l) heißer Milch	hinzufügen, den Topf auf die Kochstelle setzen, den Brei so lange schlagen, bis er weißschaumig ist, mit
Salz	
Pfeffer	
geriebener Muskatnuß	würzen.

Kräuter-Kartoffel-Püree mit Schinkenrührei

1 kg Kartoffeln	waschen, schälen, abspülen, in Stücke schneiden, in
Salzwasser	zum Kochen bringen, in 15–20 Minuten gar kochen lassen, abgießen, sofort durch die Kartoffelpresse geben
50–75 g Kräuterbutter	
250 ml (1/4 l) heiße Milch	hinzufügen, den Topf auf die Kochstelle setzen, den Brei so lange schlagen, bis eine einheitliche Masse entstanden ist, mit
Salz	
Pfeffer	
geriebener Muskatnuß	abschmecken, warm stellen
6 Eier	mit Salz, Pfeffer,
6 EL kaltem Wasser	verschlagen
150 g gekochten Schinken	in Streifen schneiden
20 g Butter oder Margarine	zerlassen, die verquirlte Eiermasse hineingeben, den Schinken darübergeben, sobald die Masse zu stocken beginnt, sie mit einem Löffel strichweise vom Boden der Pfanne losrühren, so lange weiter erhitzen, bis keine Flüssigkeit mehr vorhanden ist, Rührei muß weich und großflockig, aber nicht zu trocken sein, zusammen mit dem Kräuterpüree servieren.
Beilage	Tomatensalat.

Gemüse-Kartoffel-Püree

1 große Zwiebel (etwa 100 g)	abziehen, fein würfeln
1 Stange Lauch (Porree, etwa 200 g)	putzen, längs halbieren, gründlich waschen, in Streifen schneiden
2 Möhren (etwa 200 g)	putzen, schälen, waschen, in Würfel schneiden
600 g Kartoffeln	waschen, schälen, abspülen, in Würfel schneiden
40 g Butter	in einem Topf zerlassen, das Gemüse und die Kartoffeln darin andünsten
125 ml (1/8 l) heiße Gemüsebrühe	hinzugießen, mit
Salz	
frisch gemahlenem Pfeffer	
geriebener Muskatnuß	würzen, zum Kochen bringen, etwa 20 Minuten garen, so daß das Gemüse sehr weich ist, das Gemüse durch die Kartoffelpresse drücken das Püree mit
2 EL Crème fraîche	
2 EL gehackter Petersilie	verrühren, gut durchrühren, evtl. nochmals mit den Gewürzen abschmecken.

Dorsch in der Kartoffelkruste

4 Dorschfilets (je 120 g)	evtl. unter fließendem kaltem Wasser abspülen, trockentupfen, mit
Zitronensaft	beträufeln, mit
Salz	
Pfeffer	bestreuen, in
30 g Weizenmehl	wenden.
	Für die Kartoffelkruste
750 g Kartoffeln	waschen, schälen, abspülen, reiben, gut ausdrücken, die Kartoffeln mit
1 Ei	verrühren, mit Salz, Pfeffer,
geriebener Muskatnuß	würzen, die Filets hineingeben, die Kartoffelmasse ringsum dünn andrücken, schwimmend in siedendem
Ausbackfett	in etwa 5 Minuten braun und knusprig backen, auf Küchenpapier abtropfen lassen, auf einer vorgewärmten Platte warm stellen.
	Für die Senfschaumsauce
3 Eigelb	mit
4 EL trockenem Weißwein	
4 EL Fischfond	im Wasserbad zu einer cremigen Masse aufschlagen, aus dem Wasserbad nehmen, nach und nach
80 g kalte Butter	unterschlagen
125 ml (1/8 l) Schlagsahne	steif schlagen, unterheben, die Sauce mit
1 EL mittelscharfem Senf	
1 EL scharfem Senf	würzen, mit Salz, Pfeffer, Zitronensaft,
Zucker	abschmecken.
Beilage	Wirsinggemüse.

Möhren-Kartoffel-Püree

300 g Möhren	putzen, schälen, waschen
500 g mehligkochende Kartoffeln	waschen, schälen, abspülen beide Zutaten in kleine Würfel schneiden einen Topf mit Wasser ausschwenken, Kartoffeln und Möhren hineingeben
150 ml Milch	hinzufügen, zum Kochen bringen, bei schwacher Hitze etwa 15 Minuten garen lassen die Zutaten anschließend fein zerstampfen, evtl. mit einem Schneidestab pürieren
1–2 Estragonzweige	abspülen, die Blättchen abzupfen, trockentupfen, fein schneiden, mit
1 TL geriebenem Meerrettich	
20 g Butter oder Margarine	unter das Püree geben, mit
Salz	
Pfeffer	abschmecken.

Kartoffelpüree, flämisch

(Foto)

1 kg Kartoffeln	waschen, schälen, abspülen, in Stücke schneiden, in
Salzwasser	zum Kochen bringen, in 15–20 Minuten gar kochen lassen, abgießen, abdämpfen, sofort heiß durch die Kartoffelpresse geben oder mit einem Handrührgerät zerkleinern
300 g Sauerampfer oder Blattspinat	verlesen, gründlich waschen, abtropfen lassen
1 EL Butter	zerlassen Sauerampfer oder Blattspinat so lange darin erhitzen, bis das Gemüse zusammenfällt, auf ein Küchenbrett geben, grob zerkleinern
2 große Zwiebeln	abziehen, fein würfeln
2 EL Butter	zerlassen, die Zwiebeln darin goldgelb dünsten, Kartoffelbrei und Gemüse hinzufügen, gut vermengen, das Püree mit
Meersalz Pfeffer geriebener Muskatnuß	abschmecken
125 ml ($^{1}/_{8}$ l) Schlagsahne	kurz erhitzen, unter den Brei rühren, sollte der Brei zu fest sein, noch etwas
warme Schlagsahne oder Milch	hinzufügen.
Beilage	Möhrenrohkost.

Béchamelkartoffeln

750 g kleine Kartoffeln	waschen, in Wasser zum Kochen bringen, in 20–25 Minuten gar kochen lassen, abgießen, abdämpfen, pellen
75 g durchwachsenen Speck	in Würfel schneiden
1 EL Butter	zerlassen, die Speckwürfel darin ausbraten
1 Zwiebel	abziehen, würfeln, in dem Speckfett andünsten, mit
25 g Weizenmehl	bestäuben, kurz miterhitzen
250 ml ($^{1}/_{4}$ l) Fleischbrühe 125 ml ($^{1}/_{8}$ l) Milch 125 ml ($^{1}/_{8}$ l) Schlagsahne	hinzugießen, mit einem Schneebesen durchschlagen, darauf achten, daß keine Klümpchen entstehen, die Sauce zum Kochen bringen, etwa 5 Minuten kochen lassen, mit
Salz frisch gemahlenem Pfeffer geriebener Muskatnuß	würzen, die lauwarmen Kartoffeln in die Sauce schneiden, unter vorsichtigem Umrühren darin erhitzen, zum Schluß
2 EL gehackte Petersilie	unterrühren.

Specknudeln

(Foto)

500 g Kartoffeln waschen, in Wasser zum Kochen bringen, in 20–25 Minuten gar kochen lassen, abgießen, abdämpfen, pellen, bis zum nächsten Tag kalt stellen, auf einer feinen Reibe reiben, mit

250 g Weizenmehl

2 Eiern zu einem festen Teig verarbeiten, mit

Salz, Pfeffer

geriebener Muskatnuß würzen, den Teig etwa 15 Minuten stehenlassen.

Für die Füllung

200 g durchwachsenen Speck in kleine Würfel schneiden, auslassen

4 Zwiebeln abziehen, fein würfeln, mit

1 EL Butter zu dem Speck geben, die Zwiebeln goldbraun braten

2 Bund feingehackte Petersilie unterrühren, den Teig auf einer mit

Weizenmehl bestreuten Arbeitsfläche zu einem Rechteck ausrollen, gleichmäßig mit der Speck-Zwiebel-Masse bestreichen, von der Längsseite her aufrollen, flachdrücken, in fingerdicke Scheiben schneiden, portionsweise in

kochendes Salzwasser geben, zum Kochen bringen, in etwa 15 Minuten gar ziehen lassen, mit einem Schaumlöffel herausnehmen, auf Küchenpapier abtropfen lassen

4 EL Speiseöl in einer Stielpfanne erhitzen, die Specknudeln von beiden Seiten darin goldgelb braten.

Tip Specknudeln zu Schweinebraten reichen.

Herzoginkartoffeln

750 g Kartoffeln waschen, schälen, abspülen, in Hälften schneiden, in

Salzwasser zum Kochen bringen, in 15–20 Minuten gar kochen lassen, abgießen, abdämpfen, sofort durch die Kartoffelpresse geben, erkalten lassen, mit

1 Ei

20 g Butter verrühren, mit

Salz

geriebener Muskatnuß abschmecken, die Masse in einen Spritzbeutel mit großer Sterntülle füllen, in Form von Tuffs auf ein gefettetes Backblech spritzen

1 Eigelb mit

1 TL Milch verschlagen, den Kartoffelbrei damit bestreichen, das Blech in den Backofen schieben

Ober-/Unterhitze 200–220 °C (vorgeheizt)

Heißluft 180–200 °C (nicht vorgeheizt)

Gas Stufe 4–5 (vorgeheizt)

Backzeit 10–12 Minuten.

Pellkartoffeln mit Schinken in Sahnesauce

750 g mehlig-kochende Kartoffeln	waschen, in Wasser zum Kochen bringen, in 20–25 Minuten gar kochen lassen, abgießen, abdämpfen, heiß pellen, in große Würfel schneiden
200 g gekochten Schinken	in Würfel schneiden.
	Für die Sahnesauce
40 g Butter	zerlassen
30 g Weizenmehl	unter Rühren so lange darin erhitzen, bis es hellgelb ist
375 ml (3/8 l) Milch	hinzugießen, mit einem Schneebesen durchschlagen, darauf achten, daß keine Klümpchen entstehen, die Sauce zum Kochen bringen, etwa 5 Minuten kochen lassen
250 ml (1/4 l) Schlagsahne	in die Sauce rühren, Kartoffel- und Schinkenwürfel hinzufügen, erhitzen die Sahnesauce mit
Salz **Pfeffer** **geriebener Muskatnuß**	würzen
2 EL gehackten Dill	unterrühren.
Beilage	Gemischter Salat.

Bircher-Benner-Kartoffeln mit Kräuterquark

	Für die Kartoffeln
600 g festkochende Kartoffeln	unter fließendem kaltem Wasser gut abbürsten, halbieren
2 EL Speiseöl	mit
20 g Butter	erwärmen, die Anschnittseiten der Kartoffeln zuerst in das Fett eintauchen, dann mit
2 EL Kümmel	bestreuen, mit der Schnittfläche nach unten auf ein Backblech legen, mit dem restlichen Fett beträufeln, mit
Salz	bestreuen
Ober-/Unterhitze	etwa 180 °C (vorgeheizt)
Heißluft	etwa 160 °C (nicht vorgeheizt)
Gas	etwa Stufe 3 (vorgeheizt)
Backzeit	etwa 45 Minuten.
	Für den Kräuterquark
250 g Magerquark	mit
1 TL gehacktem Kerbel **1 TL gehackter Petersilie** **1 TL Schnittlauchröllchen** **1 TL gehacktem Dill** **Salz** **geschrotetem buntem Pfeffer** **etwa 3 EL Milch**	verrühren, zu den gebackenen Kartoffeln reichen.

Pellkartoffeln mit Quark

1 kg Kartoffeln	waschen, in Wasser zum Kochen bringen, in 20–25 Minuten gar kochen lassen, abgießen, abdämpfen lassen.
	Für den Kräuterquark
500 g Speisequark	mit
125 ml (1/8 l) Schlagsahne	verrühren
1 Bund Schnittlauch	
1 Bund Petersilie	abspülen, hacken, unterrühren, mit
Salz, Pfeffer	abschmecken, schaumig rühren, Kartoffeln etwas aufdrücken, je 1 Eßlöffel Kräuterquark hineingeben.

Pellkartoffeln und Duckefett

1 kg kleine mehligkochende Kartoffeln	waschen, in Wasser zum Kochen bringen, in 20–25 Minuten gar kochen lassen, abgießen, sofort pellen, warm stellen.
	Für das Duckefett
150 g durchwachsenen Speck	fein würfeln, auslassen
2 Zwiebeln	abziehen, würfeln, in dem Speckfett hellbraun braten
250 ml (1/4 l) Milch	hinzugießen
2 EL Schmand	unterrühren, kurz aufkochen lassen, mit den Kartoffeln servieren.

Kartoffeln, pikant

600 g Kartoffeln	waschen, in Wasser zum Kochen bringen, in 20–25 Minuten gar kochen lassen, abgießen, abdämpfen, heiß pellen, warm stellen.
	Für die Sauce
1 kleine Zwiebel	abziehen, würfeln
40 g Butter	zerlassen
30 g Weizenmehl	mit den Zwiebelwürfeln unter Rühren so lange darin erhitzen, bis es hellgelb ist
250 ml (1/4 l) Fleischbrühe	
250 ml (1/4 l) Schlagsahne	
	beide Zutaten hinzugießen, mit einem Schneebesen durchschlagen, darauf achten, daß keine Klümpchen entstehen, die Sauce zum Kochen bringen, etwa 5 Minuten kochen lassen die Sauce mit
Salz, Pfeffer	
abgeriebener Schale von 1 Zitrone (unbehandelt)	
1 EL Gurkenessig	abschmecken
100 g Gewürzgurken	in sehr dünne Scheiben schneiden, mit den Kartoffeln,
1 EL gehacktem Dill	in die Sauce geben, zum Kochen bringen, etwa 5 Minuten darin ziehen lassen.

Himmel und Erde

(Foto)

750 g Kartoffeln	waschen, schälen, abspülen, in Würfel schneiden
375 g Äpfel	schälen, vierteln, entkernen, in Stücke schneiden
375 ml ($^3/_8$ l)	
Wasser	mit
Salz	
Zucker	zum Kochen bringen, die Kartoffelwürfel hineingeben, zum Kochen bringen, etwa 15 Minuten kochen lassen, die Apfelstücke hinzufügen, zum Kochen bringen, in etwa 10 Minuten gar kochen lassen, das Gericht mit Salz, Zucker abschmecken, in eine vorgewärmte Schüssel geben
2 große Zwiebeln	abziehen, in Scheiben schneiden
100 g fetten	
Speck	in Würfel schneiden, auslassen, die Zwiebeln darin bräunen, auf dem Gericht verteilen.

Emmentaler Käsekartoffeln

1 kg Kartoffeln	waschen, schälen, abspülen, in dünne Scheiben schneiden
50 g fetten Speck	in Würfel schneiden, auslassen
2 Zwiebeln	abziehen, in Scheiben schneiden, in dem Speck hellgelb andünsten, die Kartoffelscheiben hinzufügen, alles in eine flache, gefettete Auflaufform geben
100 g geriebenen	
Emmentaler-Käse	darüberstreuen, mit
Salz, Pfeffer	
gerebeltem	
Majoran	würzen
250 ml ($^1/_4$ l)	
Fleischbrühe	hinzugießen, die Form auf dem Rost in den Backofen schieben
Ober-/Unterhitze	180–200 °C (vorgeheizt)
Heißluft	160–180 °C (nicht vorgeheizt)
Gas	Stufe 3–4 (vorgeheizt)
Garzeit	etwa 50 Minuten
2 EL Schnittlauchröllchen	über die Kartoffeln streuen.

Kümmelkartoffeln mit Quark

Für die Kümmelkartoffeln

1 kg Kartoffeln	gründlich waschen, ungeschält halbieren, mit den Schnittflächen in
Kümmel	
grobes Salz	tauchen, auf ein gefettetes Backblech setzen, die Kartoffeln mit
2 EL Speiseöl	bestreichen, in den Backofen schieben
Ober-/Unterhitze	170–200 °C (vorgeheizt)
Heißluft	150–180 °C (nicht vorgeheizt)
Gas	Stufe 2–3 (vorgeheizt)
Backzeit	etwa 40 Minuten.

Für den Quark

250 g Speisequark	mit
3 EL Milch	
2 EL Speiseöl	verrühren
1 Zwiebel	abziehen, fein würfeln, unterrühren, mit
Salz	abschmecken, schaumig rühren.

Pommes frites

1 kg Kartoffeln	waschen, schälen, abspülen, in gleich lange, bleistiftdicke Streifen schneiden, mit einem Küchentuch gut abtrocknen
1–1½ l Fritierfett	in einer Friteuse auf 180 °C erhitzen, die Kartoffelstreifen darin in 2 Minuten halbgar backen, nicht zuviel Kartoffeln auf einmal in das Fett geben, da sie sich in dem Fettbad nicht berühren dürfen, außerdem kühlt das Fett zu stark ab sobald sich die Spitzen der Kartoffelstreifen gelb färben, sie mit einem Schaumlöffel herausnehmen, auf einem Durchschlag abtropfen lassen, wenn die Streifen abgekühlt sind, sie noch einmal für 4–5 Minuten in das heiße Fett geben, braun und knusprig fritieren, mit
Salz	bestreuen, sofort servieren.
Abwandlung	Pommes chips: Die Kartoffeln in dünne Scheiben schneiden, gut trockentupfen, in dem Fett 1–2 Minuten fritieren, sobald sich die Scheiben hellbraun färben, sie mit einem Schaumlöffel herausnehmen, abtropfen und abkühlen lassen, nochmals für etwa 3 Minuten in das heiße Fett geben, bis die Kartoffelscheiben braun und knusprig sind, anschließend erkalten lassen und mit Salz bestreuen.

Kartoffelspiralen

1 kg Kartoffeln	waschen, schälen, abspülen, mit einem Spar- oder Spargelschäler von der Spitze her sehr dünne, aber breite, lange Spiralen abschälen, sofort in kaltes Wasser geben, herausnehmen, auf einem Küchentuch gut trocknen lassen
1–1½ l Fritierfett	in einer Friteuse auf 180 °C erhitzen, die Kartoffelspiralen darin portionsweise in 3–5 Minuten knusprig braun fritieren
Salz	mit
Currypulver	
Paprika edelsüß	mischen, die Spiralen damit bestreuen, sofort servieren.

Streichholzkartoffeln

(Kartoffelsticks)

1 kg Kartoffeln	schälen, waschen, abspülen, in gleich lange, etwa streichholzgroße Stäbchen schneiden, eine Zeitlang in kaltes Wasser legen, gut abtropfen lassen
1–1½ l Fritierfett	in einer Friteuse auf 180 °C erhitzen, die Kartoffelstäbchen darin portionsweise in 3-5 Minuten goldgelb fritieren, auf Küchenpapier abtropfen lassen, die Streichholzkartoffeln mit
Salz	bestreuen, sofort servieren.

Dauphinekartoffeln

750 g Kartoffeln waschen, schälen, abspülen, in
Salzwasser zum Kochen bringen, in 15–20 Minuten gar kochen lassen.

Für den Brandteig

250 ml (1/4 l)
Wasser mit
50 g Butter in einem Stieltopf zum Kochen bringen
150 g
Weizenmehl mit
30 g Speisestärke mischen, sieben, auf einmal in die von der Kochstelle genommene Flüssigkeit schütten, zu einem glatten Kloß rühren, unter Rühren etwa 1 Minute erhitzen, den heißen Kloß sofort in eine Rührschüssel geben, nach und nach
4 Eier unterrühren, weitere Eizugabe erübrigt sich, wenn der Teig stark glänzt und so vom Löffel abreißt, daß lange Spitzen hängenbleiben
1 gestr. TL
Backpulver in den erkalteten Teig rühren die garen Kartoffeln abgießen, sofort durch die Kartoffelpresse geben, mit dem Brandteig vermengen, mit
Salz, Pfeffer
geriebener
Muskatnuß abschmecken
1–1 1/2 l
Fritierfett in einer Friteuse auf 180 °C erhitzen, mit zwei, in das heiße Fett getauchten Teelöffeln kleine Bällchen von dem Teig abstechen, direkt vom Löffel in das heiße Fett gleiten lassen, portionsweise darin in 2–3 Minuten goldbraun fritieren, auf Küchenpapier abtropfen lassen.

Nußkartoffeln

750 g Kartoffeln waschen, in Wasser zum Kochen bringen, in 20–25 Minuten gar kochen lassen, abgießen, abdämpfen, sofort durch die Kartoffelpresse geben, erkalten lassen die Masse mit
2 Eigelb
1 gut geh. TL
Speisestärke
100 g feingewürfeltem
Schinken verrühren, mit
Salz
geriebener
Muskatnuß abschmecken, aus dem Teig mit bemehlten Händen knapp 2 cm dicke und 5 cm lange Röllchen formen, die Röllchen zunächst in
1 verschlagenen
Ei dann in
75 g gehobelten
Haselnußkernen wenden
1–1 1/2 l
Fritierfett in einer Friteuse auf 180 °C erhitzen, die Nußkartoffeln darin portionsweise in 2–3 Minuten goldbraun fritieren.

Lorettekartoffeln

1 kg Kartoffeln waschen, schälen, abspülen, in
Salzwasser zum Kochen bringen, in 15–20 Minuten gar kochen lassen, abgießen, abdämpfen, sofort durch die Kartoffelpresse geben, die Kartoffelmasse erkalten lassen, mit
3 Eigelb
25 g Butter
geriebener Muskatnuß verrühren
60 g geriebenen Parmesan untermengen
die Kartoffelmasse in einen Spritzbeutel mit glatter Tülle füllen, lange zylinderförmige Streifen auf eine bemehlte Arbeitsfläche spritzen, die Streifen schräg in etwa 5 cm lange Stücke schneiden, die Stücke zu Halbbogen formen, auf ein mit
Speiseöl bestrichenes Backpapier setzen
1–1½ l Fritierfett in einer Friteuse auf 180 °C erhitzen, die Kartoffelhalbbogen portionsweise darin in 2–3 Minuten goldgelb fritieren, auf Küchenpapier abtropfen lassen.

Tip Die Halbbogen lassen sich leichter in das heiße Fett geben, wenn man sie mit dem Backpapier hineintaucht. Das Papier wird anschließend entfernt.

Kartoffelkroketten

(Foto)

750 g Kartoffeln waschen, schälen, abspülen, in
Salzwasser zum Kochen bringen, in 15–20 Minuten gar kochen lassen, abgießen, abdämpfen, sofort durch die Kartoffelpresse geben, die Kartoffelmasse erkalten lassen die Kartoffeln mit
2 Eigelb verrühren, mit
Salz
geriebener Muskatnuß abschmecken, aus dem Teig knapp 2 cm dicke und 5 cm lange Röllchen formen, die Röllchen zunächst in
1 verschlagenen Ei dann in
50 g Semmelbröseln wenden
1–1½ l Fritierfett in einer Friteuse auf 180 °C erhitzen, die Kartoffelkroketten darin portionsweise in 2–3 Minuten goldgelb fritieren, auf Küchenpapier abtropfen lassen.

Abwandlung Anstelle der Röllchen können auch Kugeln geformt werden.
Für Mandelkroketten anstelle von Semmelbröseln etwa 100 g abgezogene, gehobelte Mandeln verwenden.
Für Kartoffelplätzchen unter den Teig 2–3 Eßlöffel Weizenmehl kneten, walnußgroße Kugeln formen, flachdrücken.

Kartoffelkrusteln mit Kräutern

1½ kg Kartoffeln	waschen, schälen, abspülen, in etwa gleich große Stücke schneiden, in
Salzwasser	zum Kochen bringen, in 15–20 Minuten gar kochen lassen in der Zwischenzeit
2 Schalotten	abziehen, in Würfel schneiden
100 g Champignons	putzen, mit einem Küchentuch abreiben, evtl. abspülen, in Würfel schneiden
2 Bund Petersilie	
2 Bund Schnittlauch	abspülen, trockentupfen, fein hacken, alle Zutaten in
20 g Butter	andünsten, beiseite stellen die garen Kartoffeln abgießen, abdämpfen, durch eine Kartoffelpresse drücken oder zerstampfen die Kartoffelmasse mit den übrigen Zutaten,
3 Eigelb	
4 EL Speisestärke	
80 g Butter	gut vermischen, mit
Salz	
Pfeffer	
geriebener Muskatnuß	abschmecken den Kartoffelteig zu länglichen Rollen formen, in
etwas Weizenmehl	wenden
2 Eiweiß	verschlagen, die Kartoffelrollen darin wenden, in
Semmelbröseln	wenden, leicht andrücken die fertigen Kartoffelkrusteln in
1–1½ l siedendem Ausbackfett	ausbacken, bis sie eine goldgelbe Farbe haben.
Tip	Die Kartoffelkrusteln eignen sich als Hauptgericht mit einem gemischten Pilzragout oder als Beilage zu geschmorten oder kurzgebratenen Wildgerichten.

Kartoffel-Quark-Kroketten

750 g Kartoffeln	waschen, in Wasser zum Kochen bringen, in 20–25 Minuten gar kochen lassen, abgießen, abdämpfen, heiß pellen, durch die Kartoffelpresse drücken, abkühlen lassen
750 g Magerquark	mit
2 großen Eiern	verrühren, mit
Salz	
geriebener Muskatnuß	
gerebeltem Majoran	würzen, die Kartoffelmasse,
150 g Weizenmehl	unterkneten, aus dem Teig mit bemehlten Händen Kroketten formen
100 g Butterschmalz	erhitzen, die Kroketten darin in etwa 12 Minuten goldbraun braten lassen.

Kartoffelpralinen mit Kopfsalat-Mais-Gemüse

600 g Kartoffeln	waschen, mit
Salz	
Kümmel	in Wasser zum Kochen bringen, in 20–25 Minuten gar kochen lassen, abgießen, abdämpfen, pellen, durch die Kartoffelpresse drücken, mit Salz,
Pfeffer	
geriebener Muskatnuß	würzen, mit
3 Eigelb	zu einer glatten Masse verrühren
50 g Rote Bete	waschen, weich kochen, schälen (am besten mit einem Plastikhandschuh, da die Rote Bete stark färbt), kleinhacken
50 g Spinat	verlesen, putzen, waschen, 2–3 Minuten in
kochendem Salzwasser	blanchieren, abschrecken, kräftig ausdrücken, ebenfalls kleinhacken die Kartoffelmasse in drei gleich große Mengen teilen unter einen Teil das Rote-Bete-Mus, unter den anderen den Spinat mengen, dem dritten Teil nichts beifügen der Rote-Bete- und der Spinatmasse jeweils 1 Eßlöffel von
2 EL Speisestärke	hinzufügen die drei Massen zu gleich vielen kleinen Bällchen formen, jeweils die Naturmasse etwas plattdrücken, darauf das Rote-Bete-Bällchen setzen, ebenfalls etwas plattdrücken, in die Mitte das Spinatbällchen geben alles wieder zu Kugeln verschließen, die Kugeln leicht plattdrücken, in
5 EL Sesamsamen	wenden
1 kleinen Kopfsalat	putzen, waschen, gut abtropfen lassen oder trockenschleudern, in feine Streifen schneiden
1 rote Paprikaschote	halbieren, entstielen, entkernen, die weißen Scheidewände entfernen, die Schote waschen, in Würfel schneiden
1 Knoblauchzehe	abziehen, fein hacken
2 EL Speiseöl	in einer Pfanne erhitzen Kopfsalatstreifen, Paprikawürfel und Knoblauch kurz darin andünsten
100 g Mais (aus der Dose)	abtropfen lassen, hinzufügen
1 EL Sojasauce	unterrühren, mit
Zucker	abschmecken
2 TL Speiseöl	erhitzen, die Kartoffelpralinen vorsichtig von beiden Seiten darin anbraten, herausnehmen, auf Küchenpapier abtropfen lassen, auf dem Gemüse anrichten.
Tip	Anstatt des Kopfsalat-Mais-Gemüses können auch andere Gemüsesorten zusammengestellt werden, z. B. Frisée oder Radicchio mit Erbsen.

Gegrillte Kartoffelspieße mit Frühlingszwiebeln

(Foto)

Etwa 800 g kleine Kartoffeln (etwa 24 Stück) gründlich abbürsten, in Wasser zum Kochen bringen, 10 Minuten kochen lassen, abgießen

160 g durchwachsenen Speck in 2 cm große Stücke schneiden

4 Frühlingszwiebeln putzen, waschen, das Grün bis auf etwa 15 cm abschneiden, beiseite legen, Frühlingszwiebeln in je 4 Stücke schneiden, Kartoffeln, Speck und Frühlingszwiebeln auf 8 Spieße stecken, mit

6 EL Olivenöl bepinseln, auf den heißen Grillrost legen, unter Wenden etwa 8 Minuten grillen, zwischendurch mit Öl bepinseln, kurz vor Ende der Grillzeit das restliche Öl mit

1 TL gerebeltem Rosmarin

Salz verrühren, die Spieße damit bestreichen, kurz weitergrillen.

Für den Quark

250 g Speisequark mit dem kleingeschnittenen Frühlingszwiebelgrün,

Salz

frisch gemahlenem buntem Pfeffer

125 ml (1/8 l) Schlagsahne verrühren, zu den Spießen servieren.

Folienkartoffeln mit Kräuterquark

8 mittelgroße Kartoffeln unter fließendem kaltem Wasser gründlich bürsten, abtrocknen, schräg einschneiden, mit

Salz bestreuen, 8 Stück Alufolie mit

Speiseöl bestreichen, jeweils 1 Kartoffel einpacken, auf den heißen Grillrost legen, etwa 40 Minuten grillen, mehrmals wenden.

Für die Füllung

200 g Sahnequark mit

2 EL Crème fraîche verrühren

1 große Zwiebel abziehen, sehr klein würfeln, mit

1 EL Schnittlauchröllchen

1 EL gehackter Pimpinelle unter den Quark rühren, mit

Salz

schwarzem Pfeffer würzen, die Päckchen vom Grill nehmen, die Folie öffnen, die Kartoffeln mit einer Gabel etwas aufreißen, den Kräuterquark darauf verteilen.

Tip Die Kartoffeln anstatt mit Kräuterquark mit Kräuterbutter füllen. Dafür in jede Kartoffel mit Hilfe eines Apfelausstechers ein Loch stechen, mit Kräuterbutter füllen und die Kartoffeln in Alufolie gewickelt wie oben grillen.

Bratkartoffeln mit Rostbratwürstchen

1 kg Kartoffeln	waschen, mit
1 TL Kümmel	in Wasser zum Kochen bringen, in 20–25 Minuten gar kochen lassen, abgießen, abdämpfen, heiß pellen, in Scheiben schneiden
150 g durchwachsenen Speck	in Würfel schneiden
2 EL Butterschmalz	erhitzen, die Speckwürfel darin ausbraten, die Kartoffelscheiben hinzufügen, mit
Salz frisch gemahlenem Pfeffer	würzen, in 10–15 Minuten knusprig braun braten lassen
1 Zwiebel	abziehen, würfeln
1 rote Paprikaschote	halbieren, entstielen, entkernen, die weißen Scheidewände entfernen, die Schote waschen, in Streifen schneiden von
2 Zucchini	die Enden abschneiden, die Zucchini waschen, in Scheiben schneiden
250 g Tomaten	kurze Zeit in kochendes Wasser legen (nicht kochen lassen), in kaltem Wasser abschrecken, enthäuten, vierteln, entkernen, die Stengelansätze entfernen
2 EL Speiseöl	erhitzen, die Zwiebelwürfel darin glasig dünsten lassen, Paprikastreifen und Zucchinischeiben hinzufügen, etwa 5 Minuten dünsten lassen das Gemüse mit den Tomatenvierteln unter die Bratkartoffeln mengen, erhitzen, mit Salz, Pfeffer würzen, in eine vorgewärmte Schüssel füllen, warm stellen
2 EL Speiseöl	erhitzen
8–16 Nürnberger Rostbratwürstchen (je 25–50 g)	darin von beiden Seiten in 5–7 Minuten braun braten lassen, die Nürnberger Rostbratwürstchen auf Bratkartoffeln und Gemüse anrichten, mit
2–3 EL gehackter Petersilie	bestreuen.

Bratkartoffeln

1 kg Kartoffeln	waschen, in Wasser zum Kochen bringen, in 20–25 Minuten gar kochen lassen, abgießen, abdämpfen, heiß pellen, erkalten lassen, in Scheiben schneiden
1 Zwiebel	abziehen, würfeln
75 g Butterschmalz	zerlassen, Kartoffelscheiben, Zwiebelwürfel hineingeben, mit
Salz	bestreuen, in etwa 10 Minuten braun braten.

Bratheringe mit Bratkartoffeln

	Von
800 g grünen Heringen	die Köpfe abschneiden, die Heringe unter fließendem kaltem Wasser innen und außen abspülen, trockentupfen, mit
Salz	
weißem Pfeffer	würzen, leicht in
4 EL Weizenmehl	wenden, überschüssiges Mehl abklopfen
4 EL Butter	zerlassen, die Heringe von jeder Seite – je nach Größe – etwa 2 1/2 Minuten darin braten, herausnehmen, mit Küchenpapier trockentupfen.
	Für die Marinade
2 Zwiebeln	abziehen, in feine Scheiben schneiden
2 Möhren	putzen, schälen, waschen, längs halbieren, mit
2 Petersilienstengeln	
250 ml (1/4 l) Weißweinessig	
250 ml (1/4 l) Wasser	
1 Lorbeerblatt	
8 Senfkörnern	
5 Pfefferkörnern	in einen Topf geben, zum Kochen bringen, etwa 3 Minuten kochen, mit Salz, Pfeffer abschmecken die Bratheringe in eine Schüssel legen, mit den Zwiebelscheiben bedecken, die Marinade darübergießen, die Heringe 5–6 Stunden ziehen lassen
400 g Kartoffeln	waschen, in Wasser zum Kochen bringen, in 20–25 Minuten kochen lassen, abgießen, abdämpfen, heiß pellen, in Scheiben schneiden
50 g durchwachsenen Speck	in Würfel schneiden, in einer Pfanne auslassen
2 EL Butter	hinzufügen, die Kartoffelscheiben darin unter Wenden in etwa 5 Minuten goldbraun braten die Bratheringe filetieren, mit den Bratkartoffeln anrichten.

Bratkartoffeln auf dem Blech

1 kg Kartoffeln	waschen, schälen, abspülen, in Scheiben schneiden, auf ein gefettetes Backblech schichten, mit
Salz	
frisch gemahlenem Pfeffer	würzen
2–3 Zwiebeln	abziehen, würfeln, nach Belieben
200 g durchwachsenen Speck	in Würfel schneiden beide Zutaten über die Kartoffelscheiben geben, das Backblech in den Backofen schieben, die Kartoffeln braun braten lassen
Ober-/Unterhitze	etwa 220 °C (vorgeheizt)
Heißluft	etwa 190 °C (nicht vorgeheizt)
Gas	etwa Stufe 4 (vorgeheizt)
Backzeit	etwa 45 Minuten.

Kartoffelpfanne „Espagna“

1 kg Kartoffeln	waschen, schälen, abspülen, in Scheiben schneiden
75 g durchwachsenen Speck	in Würfel schneiden, auslassen
1 Zwiebel	
1 Knoblauchzehe	
	beide Zutaten abziehen, fein würfeln, in dem Speckfett glasig dünsten lassen, die Kartoffelscheiben hinzugeben, mit
Salz	bestreuen, zunächst zugedeckt, dann in der offenen Pfanne etwa 10 Minuten anbraten
10 grüne Oliven, mit Paprika gefüllt	in Scheiben schneiden
1/2 rote und 1/2 grüne Paprikaschote	entstielen, entkernen, die weißen Scheidewände entfernen, die Schoten waschen, in Würfel schneiden
3 Tomaten	waschen, die Stengelansätze herausschneiden, die Tomaten in Stücke schneiden
	die 3 Zutaten zu den Kartoffeln geben, etwa 5 Minuten mitbraten lassen
5 Eier	mit
Salz, Pfeffer	
Paprika edelsüß	verschlagen, über die Kartoffelpfanne geben, stocken lassen, die Kartoffeln auf eine vorgewärmte Platte geben, mit
grünen oder schwarzen Oliven	garnieren.

Kartoffel-Knoblauch-Pfanne

(Foto)

500 g sehr kleine, neue Kartoffeln	waschen, die Schale unter fließendem Wasser mit einer Bürste abschaben
1 Bund Frühlingszwiebeln	putzen, das dunkle Grün bis auf etwa 15 cm abschneiden, die Zwiebeln waschen, längs halbieren
2 EL Speiseöl	in einer Pfanne erhitzen, die Kartoffeln hineingeben, von allen Seiten anbraten, die Frühlingszwiebeln,
etwa 10 junge Knoblauchzehen	ungeschält hinzufügen, etwa 5 Minuten mitbraten lassen, anschließend herausnehmen, die Kartoffeln mit
Meersalz	
frisch gemahlenem Pfeffer	
gehackten Thymianblättchen	bestreuen
etwas Wasser	hinzugießen, die Kartoffel-Knoblauch-Pfanne in 10–15 Minuten gar dünsten lassen.
Beilage	Salatteller.
Tip	Neue Kartoffeln oder Frühkartoffeln sind zu schade zum Schälen. Die Schale ist noch sehr weich und läßt sich gut durch kräftiges Bürsten entfernen. Frühkartoffeln gelten als besondere Delikatesse.

Kartoffelspießchen

(Foto)

6–8 Kartoffeln waschen, in Wasser zum Kochen bringen, in 15–20 Minuten knapp gar kochen lassen, abgießen, abdämpfen, pellen, erkalten lassen

3–4 kurze, dicke Brühwürste

beide Zutaten in etwa 1 cm dicke Scheiben schneiden, abwechselnd auf Spieße stecken, mit

Salz, Pfeffer bestreuen

100 g Frühstücks-speckscheiben um die Spieße wickeln

2 EL Speiseöl in einer Pfanne erhitzen, die Spieße darin goldbraun braten, herausnehmen, warm stellen

3–4 Zwiebeln abziehen, in dünne Scheiben schneiden, in dem Bratfett knusprig braun braten, mit den Kartoffelspießchen anrichten

1 Bund feingehackte Petersilie darüberstreuen.

Kolumbianische Pfanne

1 kg Kartoffeln waschen, schälen, abspülen, in Stifte schneiden

2 mittelgroße Zwiebeln abziehen, würfeln

1 rote und 1 grüne Paprikaschote halbieren, entstielen, entkernen, die weißen Scheidewände entfernen, die Schoten waschen, in kleine Würfel schneiden

3 EL Speiseöl in einer Pfanne erhitzen, die Kartoffelstifte, die Paprika- und Zwiebelwürfel hineingeben, mit

Salz
Pfeffer
1 Prise Kardamom bestreuen, zunächst zugedeckt, dann in der offenen Pfanne in 20–30 Minuten hellbraun braten lassen, mit

2 EL feinge-schnittenem Schnittlauch bestreut servieren.

Winzer Kartoffelpfanne

1 kg Kartoffeln waschen, schälen, abspülen, in Scheiben schneiden

4–5 mittelgroße Zwiebeln abziehen, würfeln

50 g Butter zerlassen, Kartoffelscheiben, Zwiebelwürfel hineingeben, mit

Salz
Pfeffer würzen, hellbraun braten, etwas von

125–250 ml (1/8–1/4 l) Weißwein hinzugießen, in 20–30 Minuten gar dünsten lassen, verdampfte Flüssigkeit nach und nach er-setzen
Kartoffeln sollen zuletzt fast ohne Flüssigkeit sein.

Beilage Bunter Salatteller.

Kräuterkartoffeln

(Foto)

750 g–1 kg kleine festkochende Kartoffeln	waschen, in Wasser zum Kochen bringen, in 15–20 Minuten knapp gar kochen, abgießen, abdämpfen, heiß pellen, erkalten lassen
2–3 EL Butter	zerlassen, die Kartoffeln darin von allen Seiten in etwa 10 Minuten braun braten lassen, mit
Salz	
Pfeffer	würzen
1 EL gehackte Thymianblättchen	
1 EL gehackte Lavendelblättchen	
1 EL gehackte Basilikumblättchen	unterrühren, 2–3 Minuten mitbraten lassen, die Kräuterkartoffeln sofort servieren.
Tip	Andere Kräuter, z.B. Rosmarin oder Kerbel, verwenden.

Kartoffelschnitzel

1 kg Kartoffeln	waschen, in Wasser zum Kochen bringen, in 20–25 Minuten gar kochen lassen, abgießen, abdämpfen, heiß pellen, erkalten lassen
	die Kartoffeln in 1 cm dicke Scheiben schneiden, mit
Salz	
Pfeffer	würzen, zuerst in
Weizenmehl	dann in
2 verschlagenen Eiern	danach in
50 g Semmelbröseln	wenden
2 EL Speiseöl	in einer Pfanne erhitzen, die Kartoffelschnitzel von beiden Seiten darin in 2–3 Minuten goldbraun braten.

Schwedische Kartoffeln

1 kg Kartoffeln	waschen, schälen, abspülen, auf einen Löffel legen, mit dem Messer bis zum Löffelrand – in Abständen von etwa 3 mm – einschneiden, in eine gefettete Servierpfanne geben, mit
50 g zerlassener Butter	bestreichen, mit
Salz	
Pfeffer	bestreuen, die Pfanne auf dem Rost in den Backofen schieben, die Kartoffeln ab und zu mit der Butter aus der Pfanne bestreichen
Ober-/Unterhitze	200–220 °C (vorgeheizt)
Heißluft	180–200 °C (nicht vorgeheizt)
Gas	Stufe 4–5 (vorgeheizt)
Backzeit	etwa 1 Stunde.
Abwandlung	Die Kartoffeln nach etwa 40 Minuten Backzeit mit 20–30 g geriebenem Parmesan-Käse bestreuen.

Kartoffelomelett

(Foto – für 2–3 Personen)

500 g festkochende Kartoffeln	waschen, in Wasser zum Kochen bringen, in 20–25 Minuten gar kochen lassen, abgießen, abdämpfen, heiß pellen, erkalten lassen, in Scheiben schneiden
2 kleine Zwiebeln	abziehen, würfeln
75 g fetten Speck	in Würfel schneiden, auslassen Kartoffeln, Zwiebeln hineingeben, mit
Salz frisch gemahlenem Pfeffer	bestreuen, braun braten
125 ml (1/8 l) Milch	mit Salz,
3 Eiern	verschlagen
1 EL gehackte Petersilie oder feingeschnittenen Schnittlauch	hinzufügen die Eiermilch über die Kartoffeln gießen, stocken lassen, ohne die Kartoffeln zu wenden, wenn die obere Seite des Omeletts fest geworden und die untere gebräunt ist (nach 10–15 Minuten), das Omelett auf eine vorgewärmte Platte gleiten lassen.
Beilage	Kopfsalat, Kürbis, Senfgurken.

Omelett „Rustikal"

750 g festkochende Kartoffeln	waschen, in Wasser zum Kochen bringen, in 20–25 Minuten gar kochen lassen, abgießen, abdämpfen, heiß pellen, erkalten lassen, in Scheiben schneiden
4 kleine Zwiebeln	abziehen, würfeln
75 g durchwachsenen Speck	in Würfel schneiden, auslassen
20 g Butter	hinzufügen, zerlassen, die Zwiebeln darin glasig dünsten lassen, die Kartoffeln hinzufügen, braun braten
3 Eier	mit
3 EL Milch Salz Pfeffer Paprika edelsüß geriebener Muskatnuß	verschlagen
2 Gewürzgurken 125 g Schinkenspeck	beide Zutaten in Würfel schneiden, mit
2 EL feingeschnittenem Schnittlauch	in die Eiermilch geben, über die Kartoffeln gießen, in etwa 10 Minuten stocken lassen, die Kartoffeln einige Male wenden.
Beilage	Kopfsalat.

Reibekuchen

2 kg Kartoffeln waschen, schälen, abspülen, auf einer feinen Reibe reiben
1 Zwiebel abziehen, reiben
beide Zutaten mit
4 Eiern
60 g Weizenmehl
Salz
frisch gemahlenem Pfeffer verrühren (nicht zu schwach salzen)
Speiseöl oder Schweineschmalz erhitzen, den Teig eßlöffelweise hineingeben, flachdrücken, so daß etwa handtellergroße Kuchen entstehen, von beiden Seiten hellbraun und knusprig backen.
Beigabe Apfelmus, Kompott oder Salat.
Tip 4–5 Eßlöffel feingehackte Kräuter (glatte Petersilie, Dill, Schnittlauch, Zitronenmelisse) unter den Kartoffelteig rühren.

Pillekuchen

4 Eier mit
1 TL Salz
4 EL Weizenmehl
125 ml (1/8 l) Milch verschlagen, darauf achten, daß keine Klümpchen entstehen
750 g Kartoffeln waschen, schälen, abspülen, gut abtropfen lassen, in etwa 1/2 cm breite Stifte schneiden
3 EL Butterschmalz in einer Stielpfanne zerlassen, die Kartoffelstifte hineingeben, mit
Salz bestreuen, zugedeckt bei schwacher Hitze fast gar braten lassen, die Eiermilch darübergießen, so lange ohne Deckel weiterbraten, bis die Eiermilch zu stocken beginnt, den Pillekuchen mit Hilfe des Deckels wenden, die andere Seite so lange erhitzen, bis sie goldbraun gebraten ist.

Apfel-Zwiebel-Rösti

2 Zwiebeln abziehen, fein würfeln
500 g festkochende Kartoffeln waschen, schälen, abspülen, trockentupfen
1 Apfel schälen, vierteln, entkernen
Kartoffeln und Apfel grob raspeln, die Zwiebelwürfel untermischen, mit
1 EL gerebeltem Majoran
Salz
frisch gemahlenem weißem Pfeffer abschmecken
1 EL Speiseöl in einer Pfanne erhitzen, die Masse eßlöffelweise hineingeben, flachdrücken, von beiden Seiten in 12–15 Minuten goldgelb braten.

Grüne Kartoffelpuffer mit Crème fraîche

1 1/2 kg große, mehligkochende Kartoffeln	waschen, schälen, abspülen, grob reiben, ein Sieb mit einem Küchenhandtuch auslegen, die Kartoffelmasse darauf geben, etwa 10 Minuten abtropfen lassen, die Kartoffelflüssigkeit auffangen, das Wasser abgießen, die abgesetzte Stärke zu der Kartoffelmasse geben, mit
125 ml (1/8 l) Milch	
4 Eiern	
Salz	
Pfeffer	verrühren
1 Zwiebel	abziehen, sehr fein würfeln, mit
1 EL gehacktem Dill	
2–3 EL feingeschnittenem Schnittlauch	
2–3 EL gehackter Petersilie	
1 EL gehackten Zitronenmelisseblättchen	unterrühren, etwas von
100 g Butter oder Margarine	in einer Bratpfanne erhitzen so viel von der Kartoffelmasse hineingeben, daß der Pfannenboden dünn bedeckt ist, den Kartoffelpuffer von beiden Seiten knusprig braun braten, warm stellen den übrigen Kartoffelteig auf die gleiche Weise zubereiten, die Puffer mit
150 g (1 Becher) Crème-fraîche oder 150 g (1 Becher) saurer Sahne	servieren.

Husumer Kartoffelpuffer

1 kg Kartoffeln	waschen, schälen, abspülen
150 g geschälte, gekochte Salzkartoffeln (vom Vortag)	
	beide Zutaten auf einer feinen Reibe reiben, mit
2 Eiern	
100 g geriebenem Emmentaler	vermengen
150 g gepulte Nordseekrabben	mit
1 Bund feingehacktem Dill	zu den Kartoffeln geben, gut miteinander vermengen, mit
Salz	abschmecken
3–4 EL Butterschmalz	in einer Stielpfanne zerlassen, jeweils etwas von dem Teig hineingeben, flachdrücken, von beiden Seiten braun und knusprig backen.

Tiroler Gröstl

300 g Schweinebraten unter fließendem kaltem Wasser abspülen, trockentupfen, in kleine Würfel schneiden

1 Zwiebel
1 Knoblauchzehe
beide Zutaten abziehen, fein würfeln

3–4 EL Speiseöl erhitzen, die Zwiebel- und Knoblauchwürfel darin andünsten, anschließend die Fleischwürfel hinzufügen, miterhitzen

100 g große, eingelegte Gewürz- oder Essiggurken kleinschneiden, dazugeben, mit

Salz, Pfeffer
Paprika edelsüß würzen

500 g gekochte Pellkartoffeln (vom Vortag) pellen, in kleine Würfel schneiden, zum Fleisch geben, goldbraun braten
zum Schluß

1 EL gehackten Majoran
1 EL grobgehackte Petersilie darübergeben, nochmals mit Salz, Pfeffer abschmecken.

Tip Anstatt des Schweinebratens können hierzu alle Bratenreste, aber auch Fleischwurst oder Leberkäse genommen werden. Als Beilage schmeckt ein gemischter grüner Salat.

Schweizer Rösti

(Foto)

750 g mehligkochende Kartoffeln waschen, in Wasser zum Kochen bringen, in 15–20 Minuten knapp gar kochen lassen, abgießen, pellen, die Kartoffeln etwa 1 Stunde kühl stellen

2 kleine Zwiebeln abziehen, fein würfeln

4 EL Schweineschmalz in einer schweren oder gleichmäßig bratenden Stielpfanne erhitzen, die Zwiebeln darin andünsten
die Kartoffeln auf einer groben Reibe raffeln, in die Pfanne geben mit

Salz bestreuen, bei milder Hitze 5–7 Minuten goldbraun anbraten, dabei leicht andrücken, mit Hilfe des Deckels wenden, mit Salz bestreuen
die andere Seite ebenfalls 5–7 Minuten goldbraun rösten, dabei die Masse immer leicht an- und zusammendrücken.

Tip Schweizer oder auch Berner Rösti werden traditionell zu Geschnetzeltem oder zu Steaks gerreicht.

Griechische Kartoffelpfanne

(Foto)

1 kleine rote Paprikaschote **1 kleine gelbe Paprikaschote** **(je etwa 150 g)**	die Schoten halbieren, entstielen, entkernen, die weißen Scheidewände entfernen, die Schoten waschen, in Streifen schneiden
1 Stange Lauch (Porree; etwa 200 g)	putzen, längs halbieren, gründlich waschen, in Streifen schneiden
800 g Kartoffeln	waschen, schälen, abspülen, in Scheiben schneiden
1 Knoblauchzehe	abziehen, in Scheiben schneiden die Hälfte von
80 g Butterschmalz	in einer Pfanne erhitzen, die Kartoffelscheiben unter Wenden 15–20 Minuten darin goldbraun braten, zwischendurch umrühren
200 g Feta-Käse	in Würfel schneiden
1 Topf Thymian	abspülen, die Blätter abzupfen, trockentupfen Kartoffeln mit
Salz	
Pfeffer	würzen, aus der Pfanne nehmen das restliche Butterschmalz in die Pfanne geben, Knoblauch und Gemüse unter Wenden etwa 10 Minuten darin dünsten, mit Salz und Pfeffer würzen, Kartoffeln, Feta und Thymian in die Pfanne geben, vermengen, erhitzen.

Panzarotti

(Für 6 Peronen)

1 kg mehligkochende Kartoffeln	waschen, schälen, abspülen, grob zerkleinern, in
Salzwasser	zum Kochen bringen, in 15–20 Minuten gar kochen lassen, die Kartoffeln abgießen, abdämpfen, zerstampfen oder pürieren, etwas abkühlen lassen
125 g Parmesan-Käse	reiben
2 Salbeiblättchen	vorsichtig abspülen, trockentupfen, fein hacken die beiden Zutaten mit der Kartoffelmasse,
1 Ei	
1 Eigelb	
4–5 EL gehackter glatter Petersilie	verkneten, mit
Salz	
Pfeffer	würzen
etwa 80 g Mozzarella-Käse	in 16 gleich große Stücke schneiden, den Kartoffelteig zu einer Rolle formen, in 16 gleich große Stücke teilen, in jedes Teigstück einen Käsewürfel drücken, das Teigstück zu einem Kloß formen, flachdrücken, in
Vollkornsemmelbröseln	wenden
100 g Butter	zerlassen
4 EL Speiseöl	hinzufügen, erhitzen, die Panzarotti von jeder Seite etwa 5 Minuten braten lassen.

Kartoffelplätzchenvariationen

(Foto)

Für den Kartoffelteig

750 g Kartoffeln waschen, schälen, abspülen, in
Salzwasser zum Kochen bringen, in 15–20 Minuten gar kochen lassen, abgießen, abdämpfen, sofort durch die Kartoffelpresse geben, erkalten lassen, mit
1 Ei
20 g Butter verrühren, mit
Salz
geriebener Muskatnuß würzen.

Für Käse-Kartoffel-Plätzchen

die Kartoffelmasse mit
75 g geriebenem Emmentaler-Käse vermischen, aus der Masse Rollen von etwa 5 cm Durchmesser formen, erkalten lassen, die Rollen in 2 cm dicke Scheiben schneiden oder Rauten formen, mit
Weizenmehl bestäuben
Speiseöl in einer Pfanne erhitzen, die Plätzchen bei mittlerer Hitze darin goldbraun braten.

Für Kartoffel-Speck-Plätzchen

75 g durchwachsenen Speck fein würfeln
2 kleine Zwiebeln abziehen, fein würfeln, die Speckwürfel in einer Pfanne auslassen, die Zwiebelwürfel hinzufügen, glasig braten, die Mischung unter den Kartoffelteig rühren
2 EL gehackte Petersilie untermengen, aus der Masse Rollen von etwa 5 cm Durchmesser formen, erkalten lassen, in 2 cm dicke Scheiben schneiden oder Rauten formen, mit
Weizenmehl bestäuben
Speiseöl in einer Panne erhitzen, die Plätzchen bei mittlerer Hitze darin goldbraun braten.

Kartoffelboden

1 kg Kartoffeln waschen, schälen, abspülen, größere Kartoffeln ein- oder zweimal durchschneiden, in
Salzwasser zum Kochen bringen, in 15–20 Minuten gar kochen lassen, abgießen, heiß durch die Kartoffelpresse geben, kalt stellen
75 g Butter geschmeidig rühren, nach und nach Kartoffeln,
3 Eier
50 g geriebenen Käse
Salz
geriebene Muskatnuß hinzufügen, den Kartoffelteig in eine gefettete, mit
Semmelbröseln ausgestreute Springform (Durchmesser etwa 24 cm) füllen, glattstreichen, die Form auf dem Rost in den Backofen schieben
Ober-/Unterhitze 200–220 °C (vorgeheizt)
Heißluft 180–200 °C (nicht vorgeheizt)
Gas Stufe 3–4 (vorgeheizt)
Backzeit etwa 30 Minuten.
Tip In Stücke geschnitten zu Gulasch oder Schmorbraten reichen.

Dicker Pickert

350 g Kartoffeln waschen, schälen, abspülen, reiben
3 Eier
Salz unterrühren
500 g Weizenmehl sieben, mit
1 Päckchen Trocken-Backhefe sorgfältig vermischen
zunächst die Hälfte des Weizenmehl-Hefe-Gemisches unter die Kartoffeln rühren, dann den Rest mit
125 ml (1/8 l) lauwarmer Milch dazugeben (es muß ein dünnflüssiger Teig entstehen)
den Teig so lange schlagen, bis er Blasen wirft, an einem warmen Ort so lange gehen lassen, bis er etwa doppelt so hoch ist, ihn noch einmal durchschlagen
250 g Rosinen verlesen, unterrühren, den Teig in eine gefettete Kastenform (35 x 11 cm) füllen, an einem warmen Ort so lange gehen lassen, bis er sich sichtbar vergrößert hat, die Form auf dem Rost in den Backofen schieben
Ober-/Unterhitze 170–200 °C (vorgeheizt)
Heißluft 150–170 °C (nicht vorgeheizt)
Gas Stufe 3–4 (vorgeheizt)
Backzeit etwa 1 Stunde
den fertigen Pickert stürzen, erkalten lassen, in 24 Scheiben schneiden, etwas von
200 ml Speiseöl in einer Bratpfanne erhitzen, die Scheiben von beiden Seiten darin braun braten.

Lappenpickert

1 1/2 kg Kartoffeln waschen, schälen, abspülen, auf einer feinen Reibe reiben
mit
Salz
4 Eiern
250 g Weizenmehl
125 ml (1/8 l) Milch verrühren (Teig muß dickflüssig sein)
Lappenpickert auf einer besonderen Eisenplatte, die mit
Speckschwarte gefettet ist, backen
den Teig so auf der Platte verteilen, daß entweder ein großes, dünnes, zusammenhängendes Gebäck entsteht oder mehrere kleine Plätzchen, sobald der Pickert auf der unteren Seite gebräunt ist, ihn mit einem möglichst breiten Messer wenden, auf der anderen Seite bräunen
den Pickert, frisch oder aufgewärmt servieren.

Tip Lappenpickert kann mit Butter, Sirup, Rübenkraut oder Leberwurst serviert werden.
Wenn Sie keine Eisenplatte zur Verfügung haben, kann der Lappenpickert auch in einer Bratpfanne gebacken werden.

Kartoffelblinis mit Lachs

20 g Frisch-Hefe	zerbröckeln, mit
1 TL Zucker	und 5 Eßlöffeln von
125 ml (1/8 l) lauwarmer Milch	anrühren
200 g Kartoffeln	waschen, schälen, abspülen, fein reiben
250 g Weizenmehl	in eine Rührschüssel sieben, in die Mitte eine Vertiefung eindrücken, die aufgelöste Hefe hineingeben, sie etwa 1/2 cm dick mit Mehl bestreuen
50 g zerlassene lauwarme Butter	
Salz	an den Rand des Mehls geben, sobald das auf die Hefe gestreute Mehl rissig wird, von der Mitte aus alle Zutaten mit den Rührbesen des Handrührgerätes gut verrühren, die restliche Milch mit
1 Ei	verschlagen, mit den geriebenen Kartoffeln zu dem Hefeteig geben, so lange weiterrühren, bis der Teig Blasen wirft, den Teig zugedeckt an einem warmen Ort so lange gehen lassen (etwa 20 Minuten), bis er sich sichtbar vergrößert hat, den Teig auf der höchsten Stufe nochmals gut durchkneten
75 g Speiseöl oder Schweineschmalz	in einer Pfanne erhitzen, den Teig eßlöffelweise hineingeben, flachdrücken, von beiden Seiten goldbraun backen, die Blinis warm stellen
1 Becher (150 g) Crème fraîche	mit
1 Becher (150 g) saurer Sahne	glattrühren, mit Salz, Zucker,
Pfeffer	
1 EL Zitronensaft	abschmecken, die Sauce mit
100 g geräuchertem Lachs in Scheiben	zu den Kartoffelblinis reichen.

Teufelsplätzchen

1 kg Kartoffeln	waschen, in Wasser zum Kochen bringen, in 20–25 Minuten gar kochen lassen, abgießen, abdämpfen, pellen, erkalten lassen, auf einer feinen Reibe reiben, mit
4 Eiern	
4 EL Milch	
1 TL Paprika edelsüß	
Cayennepfeffer	vermengen, so viel
Weizenmehl	hinzufügen, daß ein fester Teig entsteht, mit
Salz	abschmecken, den Kartoffelteig auf einer bemehlten Arbeitsfläche dünn ausrollen, Plätzchen ausstechen, portionsweise in
kochendes Salzwasser	geben, zum Kochen bringen, in etwa 5 Minuten gar ziehen lassen, auf Küchenpapier legen, trockentupfen
Butter	in einer Pfanne zerlassen, die Plätzchen portionsweise von beiden Seiten goldgelb braten.

Schnippelkuchen

(Foto)

30 g Weizenmehl mit
100 ml Milch verrühren, etwas quellen lassen
6 Eier unterschlagen
750 g Kartoffeln waschen, schälen, abspülen, grob raspeln, sofort mit dem Eierteig vermengen
1 Zwiebel abziehen, fein würfeln, unter den Kartoffel-Eier-Teig rühren, mit
Salz, Pfeffer würzen
einige Scheiben von
300 g Frühstücksspeck in einer Pfanne ausbraten, etwas von dem Teig hineingeben, flachdrücken, von jeder Seite etwa 5 Minuten braten, warm stellen, den restlichen Teig und Speck auf die gleiche Weise zubereiten, die Schnippelkuchen mit
feingeschnittenem Schnittlauch bestreut servieren.

Kartoffel-Wurst-Küchlein

(Für 2 Personen)

500 g Kartoffeln waschen, in Wasser zum Kochen bringen, in 20–25 Minuten gar kochen, abgießen, abdämpfen, erkalten lassen, pellen, in eine Schüssel reiben
300 g Brühwurst oder Schinken in kleine Würfel schneiden
1 Bund Petersilie abspülen, trockentupfen, die Blätter von den Stengeln zupfen, fein hacken, Wurstwürfel und gehackte Petersilie zu den Kartoffeln geben, mit
1 Ei
2 TL Salz
Pfeffer
geriebener Muskatnuß vermengen, von
200 g Weizenmehl etwas Mehl auf einen Teller geben, den Rest unter den Kartoffelteig kneten, kleine Küchlein formen, in dem Mehl wenden
Butterschmalz in einer Pfanne erhitzen, die Küchlein darin goldbraun ausbacken.

Macaire-Kartoffeln

1 kg Kartoffeln waschen, schälen, abspülen, in Stücke schneiden, in
Salzwasser zum Kochen bringen, in etwa 15 Minuten gar kochen lassen, abgießen, abdämpfen, sofort durch die Kartoffelpresse geben
1–2 EL Butter unterrühren, mit
Salz, Pfeffer
geriebener Muskatnuß würzen
150 g Butter in einer Pfanne zerlassen, den Kartoffelteig portionsweise hineingeben, etwas flachdrücken, von beiden Seiten goldbraun backen.

Bauernfrühstück

(Foto)

750 g festkochende Kartoffeln	waschen, in Wasser zum Kochen bringen, in 20–25 Minuten gar kochen lassen, abgießen, abdämpfen, heiß pellen, erkalten lassen, in Scheiben schneiden
4 kleine Zwiebeln	abziehen, würfeln
75 g durchwachsenen Speck	in Würfel schneiden, auslassen
30 g Butter oder Margarine	hinzufügen, zerlassen, die Zwiebelwürfel darin glasig dünsten, die Kartoffeln hinzufügen, braun braten
3 Eier	mit
3 EL Milch Salz Pfeffer Paprika edelsüß geriebener Muskatnuß	verschlagen
125 g Schinkenspeck	in Würfel schneiden, mit
2 EL feingeschnittenem Schnittlauch	unter die Eiermasse rühren, über die Kartoffeln gießen, in etwa 10 Minuten stocken lassen.
Beilage	Gemischter Salat oder Gewürzgurken.

Kartoffeln im Speckmantel

1 kg neue Kartoffeln	waschen, in Wasser zum Kochen bringen, in etwa 20 Minuten gar kochen lassen, abgießen, abdämpfen, heiß pellen, erkalten lassen
200 g Frühstücksspeck (Bacon, in Scheiben)	nach Belieben längs halbieren, mit
1 TL gemahlenem Kümmel Pfeffer	bestreuen
	etwa die Hälfte der Kartoffeln mit den Speckscheiben umwickeln, abwechselnd umwickelte und nicht umwickelte Kartoffeln nebeneinander in eine gefettete Auflaufform setzen
500 g kleine Tomaten	waschen, abtrocknen, über Kreuz einschneiden, gleichmäßig zwischen die Kartoffeln setzen die Form auf dem Rost in den kalten Backofen schieben
Ober-/Unterhitze	200–220 °C
Heißluft	180–200 °C
Gas	Stufe 3–4
Backzeit	etwa 30 Minuten.
Tip	Salbeiblättchen über die Kartoffeln geben.

Kartoffelpfanne mit Kasseler

(Foto)

800 g festkochende Kartoffeln waschen, in Wasser zum Kochen bringen, in 20–25 Minuten gar kochen lassen, abgießen, abdämpfen, pellen

2 Zwiebeln abziehen, fein würfeln

300 g Champignons putzen, mit Küchenpapier abreiben, evtl. abspülen, halbieren

1 Stange Lauch (Porree) putzen, halbieren, waschen, in Stücke schneiden

etwas von **80 g Butterschmalz** erhitzen, Zwiebelwürfel, Champignons und Lauch darin unter Rühren andünsten, mit

Salz, Pfeffer abschmecken, aus der Pfanne nehmen, warm stellen, die Kartoffeln in Würfel schneiden, das restliche Butterschmalz erhitzen, die Kartoffelwürfel etwa 5 Minuten darin anbraten

400 g Lummer-Kasseler (ohne Knochen) unter fließendem kaltem Wasser abspülen, trockentupfen, in Würfel schneiden, zu den Kartoffelwürfeln geben, 10–15 Minuten garen, dabei öfter umrühren, die anderen Zutaten dazugeben, nochmals abschmecken

1 Topf frischen Majoran abspülen, die Blättchen abzupfen, trockentupfen, die Hälfte davon über die Kartoffelpfanne geben

1 Becher (125 g) Kräuter-Crème-fraîche mit den restlichen Majoranblättchen zu der Kartoffelpfanne servieren.

Kartoffelmus mit Knoblauchcreme

1 kg Kartoffeln waschen, in Wasser zum Kochen bringen, in 20–25 Minuten gar kochen, abgießen, abdämpfen, pellen, noch warm durch die Kartoffelpresse drücken

250 ml ($^{1}/_{4}$ l) Milch

250 ml ($^{1}/_{4}$ l) Schlagsahne unterrühren, mit

Salz

Pfeffer

etwas geriebener Muskatnuß würzen.

Für die Knoblauchcreme

10 große Knoblauchzehen abziehen, grob hacken

2 EL Butter zerlassen, den Knoblauch darin weichdünsten

2 EL Schlagsahne hinzufügen, noch etwa 10 Minuten weiterdünsten, bis der Knoblauch cremig ist, mit

Salz

Pfeffer abschmecken.

Tip Zu saftig gegrillten Steaks oder gegrillten Würstchen reichen.

Kartoffelgratin

2 Knoblauchzehen	abziehen, in Scheiben schneiden, mit
Salz	zerdrücken, das Knoblauchmus am Rand und am Boden einer gefetteten Auflaufform verteilen
1 kg Kartoffeln	waschen, schälen, abspülen, in dünne Scheiben schneiden
250 g durchwachsenen Speck	in Würfel schneiden, auslassen
4 große Zwiebeln	abziehen, in sehr dünne Ringe schneiden, zu dem Speck geben, andünsten
	Kartoffeln, Speck und Zwiebeln abwechselnd in die Auflaufform einschichten, jede Lage Kartoffeln mit Salz,
Pfeffer	bestreuen, die oberste Schicht soll aus Kartoffeln bestehen
500 ml ($^{1}/_{2}$ l) Schlagsahne	darübergießen
	den Auflauf mit
Semmelbröseln	bestreuen, die Form mit Alufolie verschließen, auf dem Rost in den Backofen schieben, etwa 30 Minuten vor Beendigung der Backzeit die Folie entfernen
Ober-/Unterhitze	200–220 °C (vorgeheizt)
Heißluft	180–200 °C (nicht vorgeheizt)
Gas	Stufe 3–4 (vorgeheizt)
Backzeit	etwa 1 $^{1}/_{2}$ Stunden.
Tip	Kartoffelgratin als Hauptgericht mit frischem Salat oder als Beilage zu Wild-, Schweine- oder Rinderbraten reichen.

Holländisches Kartoffelgratin

600 g mehligkochende Kartoffeln	waschen, schälen, abspülen, in dünne Scheiben schneiden
1 kleine Stange Lauch (Porree)	putzen, längs halbieren, gründlich waschen, in dünne Ringe schneiden
1 Knoblauchzehe	abziehen, mit
Salz	zerdrücken, eine feuerfeste Form damit ausreiben, mit
Butter	ausfetten
	zuerst die Lauchringe einstreuen, dann die Kartoffelscheiben dachziegelartig darauf legen, mit Salz,
frisch gemahlenem Pfeffer	würzen
250 ml ($^{1}/_{4}$ l) Schlagsahne	mit
1 Ei	
80 g geriebenem Pikantje van Gouda	verrühren, mit Salz, Pfeffer,
geriebener Muskatnuß	würzen, über die Kartoffeln geben
30 g Butter	in Flöckchen darauf setzen, die Form auf dem Rost in den Backofen schieben
Ober-/Unterhitze	etwa 200 °C (vorgeheizt)
Heißluft	etwa 180 °C (nicht vorgeheizt)
Gas	Stufe 3–4 (vorgeheizt)
Backzeit	etwa 40 Minuten.
Tip	Dazu paßt ein Feldsalat mit Radieschen und Vinaigrette.

Feiner Kartoffelauflauf

1 kg Kartoffeln	waschen, in Wasser zum Kochen bringen, in 20–25 Minuten gar kochen, abgießen, abdämpfen, heiß pellen, die Kartoffeln in Scheiben schneiden
250 g gekochten Schinken	in Würfel schneiden Kartoffeln und Schinken abwechselnd lagenweise in eine gefettete, feuerfeste Form schichten, die einzelnen Lagen mit
Salz	
Pfeffer	bestreuen
125 ml (1/8 l) Fleischbrühe	mit
1 Becher (150 g) Crème fraîche	
2 Eiern	verrühren, mit Salz, Pfeffer,
geriebener Muskatnuß	würzen, die Sauce über die Kartoffeln gießen, mit
75 g geriebenem mittelaltem Gouda	bestreuen
30 g Butter	in Flöckchen darauf setzen, die Form auf dem Rost in den Backofen schieben
Ober-/Unterhitze	etwa 200 °C (vorgeheizt)
Heißluft	etwa 180 °C (nicht vorgeheizt)
Gas	etwa Stufe 4 (vorgeheizt)
Backzeit	etwa 30 Minuten.
Tip	Dazu frischen Spargel reichen.

Kartoffel-Rosenkohl-Gratin

500 g mehligkochende Kartoffeln	waschen, in Wasser zum Kochen bringen, in 20–25 Minuten gar kochen, abgießen, abdämpfen, pellen, abkühlen lassen
500 g Rosenkohl	von den schlechten äußeren Blättern befreien, etwas vom Strunk abschneiden, die Röschen halbieren, in
kochendem Salzwasser	etwa 8 Minuten garen, gut abtropfen lassen die Kartoffeln in Scheiben schneiden, in Reihen abwechselnd mit dem Rosenkohl in eine gefettete Gratinform schichten, mit
Salz	
Pfeffer	
geriebener Muskatnuß	würzen
125 ml (1/8 l) Schlagsahne	darübergießen, mit
80 g geriebenem Pikantje van Gouda	bestreuen
30 g Butter	in Flöckchen darauf setzen die Form auf dem Rost in den Backofen schieben
Ober-/Unterhitze	etwa 200 °C (vorgeheizt)
Heißluft	etwa 180 °C (nicht vorgeheizt)
Gas	Stufe 3–4 (vorgeheizt)
Backzeit	etwa 20 Minuten der Käse muß goldgelb überbacken sein.

Kartoffel-Zucchini-Gratin

(Foto)

250 g Kartoffeln	waschen, in Wasser zum Kochen bringen, in 20–25 Minuten gar kochen lassen, abgießen, abdämpfen, heiß pellen, in Scheiben schneiden
250 g Zucchini	waschen, die Enden abschneiden, die Zucchini in Scheiben schneiden Kartoffel- und Zucchinischeiben schuppenartig in eine gefettete, flache Auflaufform schichten
2 Knoblauchzehen	abziehen, durch die Knoblauchpresse geben, mit
250 ml (1/4 l) Schlagsahne	verrühren, mit
Meersalz frisch gemahlenem schwarzem Pfeffer	würzen
1 EL gehackte Estragonblättchen	unterrühren, über das Gemüse gießen
50 g geriebenen Emmentaler-Käse	darüberstreuen
30 g Butter	in Flöckchen darauf setzen die Form auf dem Rost in den Backofen schieben
Ober-/Unterhitze	etwa 220 °C (vorgeheizt)
Heißluft	etwa 200 °C (nicht vorgeheizt)
Gas	etwa Stufe 4 (vorgeheizt)
Backzeit	20–25 Minuten.

Kartoffelgratin in Senfsauce

800 g mehligkochende Kartoffeln	waschen, schälen, abspülen, in 2 mm dünne Scheiben schneiden
2 l Salzwasser	zum Kochen bringen, Kartoffelscheiben hineingeben, einmal aufkochen lassen, Wasser abgießen, die Kartoffelscheiben in eine gefettete, flache Gratinform geben, mit
Pfeffer	bestreuen
1 mittelgroße Zwiebel **1 Knoblauchzehe**	beide Zutaten abziehen, würfeln
30 g Butter	zerlassen, Zwiebel- und Knoblauchwürfel darin andünsten
2 EL grobkörnigen Senf **250 ml (1/4 l) Gemüsebrühe** **0,1 g Safranfäden**	hinzufügen, verrühren
125 ml (1/8 l) Schlagsahne	unterrühren, mit
Salz	abschmecken, die Sauce über die Kartoffeln gießen, mit
50 g geriebenem Käse	bestreuen
20 g Butter	in Flöckchen darauf setzen, die Form auf dem Rost in den Backofen schieben
Ober-/Unterhitze	etwa 200 °C (vorgeheizt)
Heißluft	etwa 180 °C (nicht vorgeheizt)
Gas	etwa Stufe 4 (vorgeheizt)
Backzeit	etwa 40 Minuten.
Tip	Der Kartoffelgratin paßt zu gebratenem Fleisch.

Kartoffelauflauf mit Broccoli

500 g Kartoffeln	waschen, in Wasser zum Kochen bringen, in 20–25 Minuten gar kochen lassen, abgießen, abdämpfen, pellen, sofort durch die Kartoffelpresse geben
2 Roggenbrötchen	in Wasser einweichen
4 Eier	trennen, das Eiweiß steif schlagen, von
400 g Broccoli	die Blätter entfernen, den Broccoli waschen, in Röschen teilen, die Röschen in
kochendem Salzwasser	etwa 4 Minuten blanchieren
150 g gekochten Schinken	in Streifen schneiden
125 g weiches Butterschmalz	mit Handrührgerät mit Rührbesen schaumig rühren, das Eigelb, die Brötchen und die Kartoffelmasse unterrühren, dann Broccoliröschen, Schinkenstreifen und das steifgeschlagene Eiweiß unterheben, mit
Salz frisch gemahlenem Pfeffer geriebener Muskatnuß 1 TL gerebeltem Majoran	abschmecken
1 EL feingehackte Petersilie	unterrühren die Masse in eine gefettete Auflaufform füllen
30 g Butter	zerlassen
50 g Semmelbrösel	unterrühren, auf dem Auflauf verteilen, die Form auf dem Rost in den Backofen schieben
Ober-/Unterhitze	180–200 °C (vorgeheizt)
Heißluft	160–180 °C (vorgeheizt)
Gas	Stufe 3–4 (vorgeheizt)
Backzeit	etwa 35 Minuten.

Kartoffel-Quark-Auflauf

1 kg Kartoffeln	waschen, in Wasser zum Kochen bringen, in 20–25 Minuten gar kochen, abgießen, abdämpfen, noch heiß pellen, erkalten lassen, in Scheiben schneiden, in eine gefettete Auflaufform schichten, jede Schicht mit
Salz, Pfeffer	bestreuen
250 g Speisequark	mit
3 Eiern 100 ml Schlagsahne 3 EL weicher Butter	verrühren, mit Salz würzen
3 EL gehackte Kräuter	unterrühren, die Quarkmasse gleichmäßig auf die Kartoffeln verteilen
30 g Butter	in Flöckchen darauf setzen, die Form auf dem Rost in den Backofen schieben
Ober-/Unterhitze	200–220 °C (vorgeheizt)
Heißluft	180–200 °C (nicht vorgeheizt)
Gas	Stufe 3–4 (vorgeheizt)
Backzeit	etwa 30 Minuten.
Beilage	Radicchio mit Feldsalat.

Kartoffel-Sellerie-Gratin

250 g Sellerieknolle	schälen, putzen, waschen, in Scheiben schneiden
400 g fest-kochende Kartoffeln	waschen, schälen, abspülen, in dünne Scheiben schneiden (Gemüsehobel), etwa 30 Minuten wässern, damit der Stärkeanteil vermindert wird
	eine große, flache, feuerfeste Form mit
Olivenöl	ausfetten, Kartoffel- und Selleriescheiben fächerförmig einschichten, mit
125 ml (1/8 l) Fleischbrühe	begießen, mit
Salz Pfeffer gerebeltem Thymian	bestreuen, mit
75 ml Olivenöl	beträufeln, auf dem Rost in den Backofen schieben
Ober-/Unterhitze	etwa 180 °C (vorgeheizt)
Heißluft	etwa 150 °C (nicht vorgeheizt)
Gas	etwa Stufe 3 (vorgeheizt)
Backzeit	etwa 20 Minuten
	die Form herausnehmen, mit
40 g geriebenem Parmesan	bestreuen, noch einmal kurz im Ofen gratinieren lassen
Ober-/Unterhitze	200–220 °C
Heißluft	etwa 190 °C
Gas	Stufe 4-5
Backzeit	3–5 Minuten
	den Gratin mit einem frischen Thymianzweig garniert servieren.

Kürbis-Kartoffel-Auflauf

750 g Kürbis	schälen, die Kerne herauskratzen
500 g Kartoffeln	waschen, schälen, abspülen, beide Zutaten in Scheiben schneiden, mit
Salz, Pfeffer	würzen, zugedeckt stehenlassen
1 Knoblauchzehe	abziehen, zerdrücken
2 Zwiebeln	abziehen, würfeln, in
1 EL Speiseöl	erhitzen, die Zwiebelwürfel darin andünsten
	Kürbis- und Kartoffelscheiben in
Weizenmehl	wenden
2 EL Speiseöl	erhitzen, die beiden Zutaten portionsweise darin schnell von beiden Seiten braun anbraten
400 g Schafskäse	grob zerkrümeln, eine gefettete Auflaufform mit der Hälfte der Kartoffel- und Kürbisscheiben auslegen, mit den Zwiebeln bedecken, die Hälfte des Käses darüber verteilen, mit den restlichen Kartoffeln und dem Kürbis bedecken, den restlichen Käse darüberstreuen
2 Eier	mit
125 ml (1/8 l) Schlagsahne	verschlagen, mit Salz, Pfeffer,
geriebener Muskatnuß	würzen
1 Bund glatte Petersilie	abspülen, trockentupfen, fein hacken, unterrühren, über den Auflauf gießen, die Form auf dem Rost in den Backofen schieben
Ober-/Unterhitze	etwa 220 °C (vorgeheizt)
Heißluft	etwa 200 °C (nicht vorgeheizt)
Gas	etwa Stufe 5 (vorgeheizt)
Backzeit	etwa 40 Minuten.

Kartoffelauflauf mit Hackfleisch und Lauch

(Foto)

750 g Kartoffeln waschen, in Wasser zum Kochen bringen, in 20–25 Minuten gar kochen lassen, abgießen, abdämpfen, heiß pellen, erkalten lassen, in Scheiben schneiden

4 Stangen Lauch (Porree; etwa 500 g) putzen, längs halbieren, gründlich waschen, den Lauch in Scheiben schneiden, in

kochendes Salzwasser geben, zum Kochen bringen, 2–3 Minuten kochen, abtropfen lassen

2 Zwiebeln
2 Knoblauchzehen beide Zutaten abziehen, würfeln

2 EL Speiseöl erhitzen, Zwiebel-, Knoblauchwürfel darin glasig dünsten lassen

500 g Hackfleisch (halb Rind-, halb Schweinefleisch) unter Rühren darin braun braten lassen, dabei die Fleischklümpchen zerdrücken, das Hackfleisch mit

Salz, Pfeffer
Cayennepfeffer würzen

250 g saure Sahne mit

2 EL gehackter Petersilie verrühren, mit Salz, Pfeffer würzen, eine feuerfeste Form ausfetten, die Hälfte der Kartoffelscheiben und der Lauchringe hineingeben, mit Salz bestreuen, die Hälfte der Sahne darauf verteilen, die Hackfleischmasse darauf geben, die restlichen Kartoffelscheiben und Lauchringe einfüllen, mit Salz bestreuen, mit der restlichen Sahne bedecken

50 g geriebenen Emmentaler-Käse darüberstreuen

20 g Butter in Flöckchen darauf setzen, die Form in den Backofen schieben, den Auflauf goldbraun backen

Ober-/Unterhitze etwa 200 °C (vorgeheizt)
Heißluft etwa 180 °C (nicht vorgeheizt)
Gas Stufe 3–4 (vorgeheizt)
Backzeit 25–30 Minuten.

Spanische Kartoffeln

1 kg Kartoffeln waschen, schälen, abspülen, in dünne Scheiben schneiden, kurz in kaltes Wasser legen, herausnehmen, abtropfen lassen, in eine gefettete, feuerfeste Form legen

125 ml (1/8 l) Milch mit

250 ml (1/4 l) Schlagsahne
3 Eiern verrühren, mit

Salz, Pfeffer würzen, gleichmäßig über die Kartoffelscheiben verteilen

20 g Butter in Flöckchen darauf setzen, auf dem Rost in den Backofen schieben

Ober-/Unterhitze 150–170 °C (vorgeheizt)
Heißluft 130–150 °C (nicht vorgeheizt)
Gas Stufe 2–3 (vorgeheizt)
Backzeit 50–60 Minuten.

Kartoffelgratin mit Spinat

750 g Kartoffeln waschen, in Wasser zum Kochen bringen, in 20–25 Minuten gar kochen lassen, abgießen, abdämpfen, heiß pellen, erkalten lassen, in etwa ½ cm dicke Scheiben schneiden
50 g Butter zerlassen, die Kartoffelscheiben hineingeben, durchschwenken
750 g Blattspinat sorgfältig verlesen, waschen, gut abtropfen lassen, in einem Topf zugedeckt so lange dünsten, bis die Blätter zusammenfallen
50 g durchwachsenen Speck kleinwürfeln, auslassen
1–2 Zwiebeln abziehen, fein würfeln, zu dem Speck geben, andünsten lassen
50 g Butter oder Margarine hinzufügen, die Zwiebel-Speck-Masse zu dem Spinat geben, mit
Salz, Pfeffer geriebener Muskatnuß würzen, abwechselnd Kartoffeln und Spinat in eine gefettete Auflaufform schichten
250 ml (¼ l) Fleisch- oder Hühnerbrühe darübergießen, die restliche Butter (Margarine) zerlassen, den Auflauf damit beträufeln, mit
100 g geriebenem Käse bestreuen
die Form auf dem Rost in den Backofen schieben
Ober-/Unterhitze 200–220 °C (vorgeheizt)
Heißluft 180–200 °C (nicht vorgeheizt)
Gas Stufe 3–4 (vorgeheizt)
Backzeit 20–25 Minuten.

Kohlrabi-Kartoffel-Gratin

3–4 kleine Kohlrabi (etwa 500 g) putzen, schälen, waschen
500 g Kartoffeln waschen, schälen, abspülen
3–4 Zwiebeln abziehen, die 3 Zutaten in dünne Scheiben schneiden
150 g Salami (in Scheiben) in Streifen schneiden, eine flache Auflaufform ausfetten, die Zutaten abwechselnd einschichten (die untere und die obere Schicht sollten aus Kartoffelscheiben bestehen), Kohlrabi- und Kartoffelschichten jeweils mit etwas von
200 g geriebenem Emmentaler-Käse bestreuen, mit
Salz, Pfeffer würzen
250 ml (¼ l) Milch mit
125 ml (⅛ l) Schlagsahne
2 Eiern verschlagen, mit Salz,
Paprika edelsüß würzen, über den Auflauf gießen, den restlichen Käse mit
2–3 EL Semmelbröseln vermengen, darüberstreuen
1–2 EL Butter zerlassen, darüberträufeln
die Form auf dem Rost in den Backofen schieben
Ober-/Unterhitze etwa 200 °C (vorgeheizt)
Heißluft etwa 180 °C (nicht vorgeheizt)
Gas etwa Stufe 3 (vorgeheizt)
Backzeit etwa 45 Minuten
nach etwa der Hälfte der Garzeit mit Pergamentpapier abdecken.

Bunt gefüllte Kartoffeln

8 große Kartoffeln (je etwa 150 g)	unter fließendem kaltem Wasser gründlich abbürsten, kreuzförmig einschneiden, jede Kartoffel in Alufolie einwickeln, auf ein Backblech legen
Ober-/Unterhitze	etwa 220 °C (vorgeheizt)
Heißluft	etwa 200 °C (nicht vorgeheizt)
Gas	etwa Stufe 4 (vorgeheizt)
Backzeit	etwa 50 Minuten
200 g tiefgekühlte Erbsen	in
kochendes Salzwasser	geben, etwa 5 Minuten kochen lassen, abgießen
200 g durchwachsenen Speck	fein würfeln
2 Zwiebeln	abziehen, fein würfeln
1 EL Butter	zerlassen, Speck- und Zwiebelwürfel darin andünsten, die Kartoffeln aus dem Ofen nehmen, einen flachen Deckel abschneiden, davon die Schale abziehen, Kartoffeln mit einem kleinen Löffel etwas aushöhlen, die Masse mit einer Gabel zerdrücken, zu Speck und Zwiebeln geben
1 Bund Schnittlauch	abspülen, trockentupfen, fein schneiden, mit den Erbsen,
125 g geriebenem Maasdamer	zu der Kartoffelmasse geben, mit
Salz, Pfeffer	abschmecken, die ausgehöhlten Kartoffeln bergartig damit füllen, nebeneinander in eine feuerfeste, gefettete, flache Form setzen
20 g Butter	in Flöckchen auf den Kartoffeln verteilen, auf dem Rost in den Backofen schieben
Ober-/Unterhitze	etwa 200 °C (vorgeheizt)
Heißluft	etwa 180 °C (nicht vorgeheizt)
Gas	Stufe 3–4 (vorgeheizt)
Backzeit	etwa 10 Minuten.

Rheinischer „Döbbekooche"

1 kg mehligkochende Kartoffeln	waschen, schälen, abspülen, grob reiben
4 mittelgroße Zwiebeln	abziehen, in dünne Scheiben schneiden, die Hälfte von
60 g Butterschmalz	zerlassen, die Zwiebelscheiben darin andünsten, mit der Kartoffelmasse vermischen
4 Eier	verquirlen, mit
Salz, Pfeffer	abschmecken, unter die Kartoffel-Zwiebel-Masse heben, in eine mit
Butterschmalz	gefettete Gratinform füllen
200 g durchwachsenen Speck	fein würfeln, das restliche Butterschmalz erhitzen, die Speckwürfel unter Rühren darin anbräunen, über den Auflauf geben die Form auf dem Rost in den Backofen schieben
Ober-/Unterhitze	etwa 200 °C (vorgeheizt)
Heißluft	etwa 180 °C (vorgeheizt)
Gas	Stufe 3–4 (vorgeheizt)
Backzeit	etwa 40 Minuten.

Gebackene Kartoffeln mit Petersilienpesto

(Foto)

8 mittelgroße, mehligkochende Kartoffeln	unter fließendem kaltem Wasser gut abbürsten, kreuzweise einschneiden, jede Kartoffel in ein Stück Alufolie einwickeln, auf einem Backblech in den Backofen schieben
Ober-/Unterhitze	etwa 220 °C (vorgeheizt)
Heißluft	etwa 200 °C (nicht vorgeheizt)
Gas	etwa Stufe 4 (vorgeheizt)
Backzeit	etwa 50 Minuten inzwischen
5 Bund Petersilie	abspülen, trockentupfen, die Blättchen abzupfen, etwas kleinhacken
3 Knoblauchzehen	abziehen, Petersilie und Knoblauch mit
80–100 g geriebenem altem Gouda	im Mixer pürieren, nach und nach
125 ml (1/8 l) Olivenöl	unterrühren, mit
Salz	
Pfeffer	abschmecken die Kartoffeln nach dem Backen aus der Folie wickeln, mit einer Gabel aufbrechen, jeweils 1–2 Teelöffel Pesto darauf geben, das restliche Pesto getrennt dazu servieren.

Kartoffelsoufflé

750 g Kartoffeln	waschen, schälen, abspülen, halbieren, in
Salzwasser	zum Kochen bringen, in 15–20 Minuten gar kochen lassen, abgießen, abdämpfen, heiß durch die Kartoffelpresse geben, kalt stellen
60 g Butter	geschmeidig rühren, nach und nach den Kartoffelbrei,
3 Eigelb	
70 g geriebenen Käse	
Meersalz	
geriebene Muskatnuß	hinzufügen
3 Eiweiß	steif schlagen, unterheben die Masse in eine gefettete, mit
Vollkornsemmelbröseln	ausgestreute, feuerfeste Form füllen (sie darf höchstens zu 3/4 gefüllt sein), mit
30 g geriebenem Käse	bestreuen
20 g Butter	in Flöckchen darauf setzen die Form auf dem Rost in den Backofen schieben
Ober-/Unterhitze	200–220 °C (vorgeheizt)
Heißluft	180–200 °C (vorgeheizt)
Gas	Stufe 3–4 (vorgeheizt)
Backzeit	1 Stunde.
Beilage	Gewürzgurken
Tip	Ein Soufflé sollte so heiß wie möglich serviert werden, da es beim Abkühlen leicht zusammenfällt. Es empfiehlt sich daher, bei größeren Portionen Soufflé in kleinen Förmchen zu backen.

Gratin de pommes

1 Bund Frühlingszwiebeln	putzen, waschen, in Ringe schneiden
200 g große Champignons	putzen, mit Küchenpapier abreiben, evtl. abspülen, in Scheiben schneiden
20 g Butter	zerlassen, das Gemüse darin kurz andünsten, mit
Salz, Pfeffer	würzen
750 g mehligkochende Kartoffeln	waschen, schälen, abspülen, in dünne Scheiben schneiden
3 Äpfel	schälen, vierteln, entkernen, in dünne Scheiben schneiden
1 Becher (200 ml) Schlagsahne	mit Salz, Pfeffer,
2 Eigelb geriebener Muskatnuß	verrühren, die Hälfte der Kartoffeln in eine mit
Butter	gefettete Gratinform schichten, mit Salz, Pfeffer bestreuen Frühlingszwiebeln und Champignons darauf verteilen, darauf die Apfelscheiben, dann die andere Hälfte der Kartoffeln einschichten, die Eiermilch darübergeben
100 g geriebenen Emmentaler	darüberstreuen
30 g Butter	in Flöckchen darauf setzen
Ober-/Unterhitze	180–200 °C (nicht vorgeheizt)
Heißluft	150–180 °C (nicht vorgeheizt)
Gas	etwa Stufe 3 (nicht vorgeheizt)
Backzeit	35–45 Minuten.

Kartoffel-Grünkern-Auflauf

2 mittelgroße Zwiebeln	abziehen, fein würfeln
2 EL Sojaöl	erhitzen, die Zwiebelwürfel,
200 g Grünkern (ganzes Korn)	darin andünsten
500 ml ($^1/_2$ l) Gemüsebrühe	hinzugießen, zugedeckt etwa 20 Minuten garen
4 Eier	mit
1 Becher (150 g) Crème fraîche	verrühren
750 g Kartoffeln	waschen, schälen, abspülen, damit sie nicht braun werden, sofort grob in die Eiermasse reiben, mit
Salz Pfeffer geriebener Muskatnuß	würzen, in eine mit
Sojaöl	gefettete Auflaufform zuerst die Hälfte der Kartoffelmasse, in die Mitte Grünkern, als Abschluß den Rest der Kartoffelmasse geben, mit
100 g geriebenem Emmentaler	bestreuen
	die Form auf dem Rost in den Backofen schieben
Ober-/Unterhitze	180–200 °C (vorgeheizt)
Heißluft	160–180 °C (nicht vorgeheizt)
Gas	Stufe 3–4 (vorgeheizt)
Backzeit	etwa 40 Minuten
	den Auflauf mit
1 EL Petersilienblättchen	garnieren.

Kartoffel-Kräuter-Terrine

(Für 4–6 Personen)

800 g Kartoffeln	waschen, in Wasser mit
1 TL Kümmel	
Salz	zum Kochen bringen, in 20–25 Minuten gar kochen, abgießen, abdämpfen, pellen, etwas abkühlen lassen, in Scheiben schneiden
250 g Spinat	sorgfältig verlesen, waschen, abtropfen lassen
20 g Butter	zerlassen, den Spinat dazugeben, 3–5 Minuten dünsten mit Salz,
frisch gemahlenem Pfeffer	
geriebener Muskatnuß	würzen
60 g frische Kräuter (z. B. Sauerampfer, Petersilie, Kerbel, Schnittlauch)	abspülen, trockentupfen, zusammen mit dem Spinat fein hacken eine Kastenform (Länge etwa 26 cm) mit
Butter	ausstreichen, mit
Semmelbröseln	ausstreuen
4 Eier	mit Salz, Pfeffer,
2 Bechern (je 150 g) Crème fraîche	
Cayennepfeffer	verrühren die Kräuter und die Hälfte von
125 g geriebenem mittelaltem Gouda	unterheben eine dünne Schicht der Eier-Käse-Creme auf den Boden der Form geben, eine Schicht Kartoffelscheiben darauf geben, etwas andrücken, mit Salz und Pfeffer bestreuen, im Wechsel so fortfahren, die letzte Schicht sollte aus Eier-Käse-Creme bestehen, die Form mit Alufolie abdecken, die Form in einen großen Bräter oder eine Fettfangschale setzen, diese bis zur Hälfte mit
Wasser	füllen, auf der unteren Einschubleiste in den Backofen schieben
Ober-/Unterhitze	etwa 200 °C (vorgeheizt)
Heißluft	etwa 180 °C (nicht vorgeheizt)
Gas	Stufe 3–4 (vorgeheizt)
Backzeit	etwa 60 Minuten nach der Hälfte der Backzeit die Alufolie entfernen, den restlichen Käse auf die Terrine streuen, goldbraun überbacken lassen die Kartoffel-Kräuter-Terrine herausnehmen, etwas abkühlen lassen, auf eine Platte stürzen, in Scheiben schneiden, servieren.
Tip	Die Kartoffel-Kräuter-Terrine ist ideal für Buffets. Dazu schmeckt ein knackiger Blattsalat.

Kartoffelpastete

1 Packung (300 g) tiefgekühlten Blätterteig	auftauen lassen die Platten dabei nebeneinanderlegen
1 kg kleine, festkochende Kartoffeln	waschen, in Wasser zum Kochen bringen, die Kartoffeln in 20–25 Minuten gar kochen lassen, abgießen, abdämpfen, heiß pellen, erkalten lassen, in Scheiben schneiden
250 g durchwachsenen Speck	in Würfel schneiden, 2/3 des Blätterteiges in der Größe eines Springformbodens (Durchmesser etwa 26 cm) ausrollen, eine Springform damit auslegen den Teig am Springformrand etwa 4 cm hochdrücken Kartoffelscheiben, Speckwürfel,
3 EL feingeschnittenen Schnittlauch **1 EL gehackte Majoranblättchen**	abwechselnd auf den Teig schichten dabei jeweils die Kartoffelscheiben mit
Salz **frisch gemahlenem Pfeffer**	bestreuen
1 Becher (150 g) Crème fraîche	mit
3 Eiern **1/2 Eiweiß** **1/2 Eigelb**	verschlagen, mit Salz, Pfeffer,
geriebener Muskatnuß **Paprika edelsüß**	kräftig würzen, über die Zutaten verteilen den überstehenden Teigrand über die Füllung schlagen, mit
1/2 verschlagenen Eiweiß	bestreichen, den restlichen Teig in der Größe des Springformbodens ausrollen, als Decke auf die Füllung geben aus den Teigresten Figuren ausstechen, die Unterseite mit dem verschlagenen Eiweiß bestreichen, die Figuren auf die Teigdecke legen
1/2 Eigelb	mit
1 EL Milch	verschlagen, die Teigdecke damit bestreichen, mehrmals mit einer Gabel einstechen
Ober-/Unterhitze	200–220 °C (vorgeheizt)
Heißluft	180–200 °C (nicht vorgeheizt)
Gas	Stufe 3–4 (vorgeheizt)
Backzeit	etwa 1 Stunde.
Tip	Die Kartoffelpastete mit einem trockenen Weißwein servieren.

Gefüllte Kartoffeln mit Brennesselkäse

8 große, mehligkochende Kartoffeln	gründlich unter fließendem Wasser abbürsten, in Wasser zum Kochen bringen, in 20–25 Minuten gar kochen lassen inzwischen
4 Tomaten	kurze Zeit in kochendes Wasser legen (nicht kochen lassen), in kaltem Wasser abschrecken, enthäuten, vierteln, die Stengelansätze herausschneiden, das Tomatenfleisch in Würfel schneiden
2 Frühlingszwiebeln	putzen, waschen, in feine Ringe schneiden
250 g Brennesselkäse (Subenhara)	in Würfel schneiden, Tomaten, Frühlingszwiebeln und Käse mit
1 Ei	
1 EL Semmelbröseln	vermengen, die Kartoffeln abgießen, abdämpfen, jeweils einen Deckel abschneiden, die Kartoffeln mit einem Teelöffel aushöhlen, so daß ein etwa 1/2 cm dicker Rand stehenbleibt, das Kartoffelinnere zerdrücken, unter die Füllung mischen, mit
Salz, Pfeffer	würzen, die Kartoffeln bergartig mit der Masse füllen
30 g Butter	in Flöckchen darauf setzen, die Kartoffeln auf ein Backblech oder in eine Auflaufform setzen
Ober-/Unterhitze	etwa 200 °C (vorgeheizt)
Heißluft	etwa 180 °C (nicht vorgeheizt)
Gas	Stufe 3–4 (vorgeheizt)
Backzeit	15–20 Minuten.
Tip	Dazu schmeckt ein knackiger Blattsalat mit Vinaigrette.

Kartoffelkuchen

750 g Kartoffeln	waschen, in Wasser zum Kochen bringen, in 20–25 Minuten gar kochen lassen, abgießen, abdämpfen, heiß pellen, sofort durch die Kartoffelpresse geben oder zerstampfen
3 Eier	mit
Salz	
Pfeffer	verschlagen
250 g Fleischwurst	enthäuten, in Würfel schneiden beide Zutaten mit der Kartoffelmasse,
2 Packungen (je 200 g) Grünem Pfeffer Quark	verrühren, in eine gefettete, feuerfeste Form füllen
2 EL abgezogene, gehobelte Mandeln	darüberstreuen
30 g Butter	in Flöckchen darauf setzen die Form auf dem Rost in den Backofen schieben
Ober-/Unterhitze	etwa 200 °C (vorgeheizt)
Heißluft	etwa 180 °C (nicht vorgeheizt)
Gas	etwa Stufe 4 (vorgeheizt)
Backzeit	etwa 40 Minuten.

Gefüllte Kartoffeln vom Blech

8 große Kartoffeln (je etwa 150 g) gründlich unter fließendem Wasser abbürsten, in Wasser zum Kochen bringen, in 20–25 Minuten gar kochen lassen, inzwischen
4 Vollkorn-zwiebäcke zerbröseln
4 Tomaten kurze Zeit in kochendes Wasser legen (nicht kochen lassen), in kaltem Wasser abschrecken, enthäuten, vierteln, entkernen, die Stengelansätze herausschneiden, die Tomaten würfeln
2 Frühlings-zwiebeln abziehen, halbieren, in feine Ringe schneiden
220 g Gouda würfeln
1 Ei verquirlen, Zwiebackbrösel, Tomatenwürfel, Frühlingszwiebelringe und Käse mit dem Ei vermischen
die garen Kartoffeln abgießen, jeweils einen Deckel abschneiden, die Kartoffeln mit einem Teelöffel aushöhlen, Kartoffelinneres zerdrücken, unter die Füllung mischen, die Kartoffeln damit füllen
die gefüllten Kartoffeln auf ein gefettetes Backblech legen, in den Ofen schieben
Ober-/Unterhitze etwa 200 °C (vorgeheizt)
Heißluft etwa 180 °C (nicht vorgeheizt)
Gas etwa Stufe 4 (vorgeheizt)
Backzeit etwa 25 Minuten.

Überbackene Käsekartoffeln

800 g Kartoffeln waschen, in Wasser zum Kochen bringen, in 20–25 Minuten gar kochen lassen, abgießen, abdämpfen, abkühlen lassen.

Für die Füllung
200 g Frischkäse mit Kräutern, z. B. von Bresso
100 g Gorgonzola in eine Schüssel geben, mit den Rührbesen des Handrührgerätes verrühren
100 g gekochten mageren Schinken in sehr kleine Würfel schneiden
1 Eigelb mit
1 TL Kümmel verrühren, mit den Schinkenwürfeln unter die Käsemasse heben, mit
Salz
Pfeffer abschmecken
die Kartoffeln mit der Schale der Länge nach halbieren, die Kartoffelhälften mit einem Teelöffel etwas aushöhlen, das Ausgehöhlte mit einer Gabel zerdrücken und unter die Käse-Schinken-Masse mischen
die Kartoffelhälften damit füllen, die gefüllten Kartoffelhälften in eine Auflaufform geben, auf dem Rost in den Backofen schieben
Ober-/Unterhitze etwa 220 °C (vorgeheizt)
Heißluft etwa 200 °C (nicht vorgeheizt)
Gas Stufe 4–5 (vorgeheizt)
Backzeit 15 Minuten.

Pikante Kartoffeltorte

400 g Kartoffeln	waschen, in Wasser zum Kochen bringen, in 20–25 Minuten gar kochen lassen, abgießen, abdämpfen, durch die Kartoffelpresse drücken, mit
1 Ei	
1 TL Backpulver	
4 EL Weizengrieß	vermengen, mit
Salz, Pfeffer	
geriebener Muskatnuß	kräftig abschmecken, den Teig in eine gefettete Springform (Durchmesser 26 cm) geben, in den Backofen schieben, vorbacken
Ober-/Unterhitze	etwa 180 °C (vorgeheizt)
Heißluft	etwa 160 °C (nicht vorgeheizt)
Gas	etwa Stufe 3 (vorgeheizt)
Backzeit	etwa 15 Minuten inzwischen
1 Stange Lauch (Porree)	putzen, längs halbieren, gründlich waschen, in etwa 5 cm lange Streifen schneiden, waschen, in
kochendem Wasser	etwa 2 Minuten blanchieren, herausnehmen, abtropfen lassen
250 g Kartoffeln	waschen, schälen, abspülen, in sehr dünne Scheiben schneiden
100 g durchwachsenen Speck	fein würfeln, den Boden fächerförmig mit Kartoffelscheiben belegen, Lauchstreifen darauf geben, Speckwürfel darüberstreuen
2 Eier	verschlagen
250 ml (1/4 l) Milch	dazugeben mit Salz und Muskatnuß verquirlen, über die Kartoffeltorte gießen, nochmals in den Backofen schieben
Ober-/Unterhitze	etwa 180 °C (vorgeheizt)
Heißluft	etwa 160 °C (nicht vorgeheizt)
Gas	etwa Stufe 3 (vorgeheizt)
Backzeit	etwa 25 Minuten.

Kartoffelpizza

(Foto)

750 g Kartoffeln	waschen, schälen, abspülen, in dünne Scheiben schneiden, zum Trocknen eine Zeitlang auf Küchenpapier legen
150 g durchwachsenen Speck	würfeln, auslassen, die Kartoffelscheiben hinzugeben, etwa 5 Minuten unter öfterem Wenden braten lassen
500 g Tomaten	waschen, abtrocknen, in Scheiben schneiden, mit den Kartoffelscheiben vermengen, beide Zutaten gleichmäßig auf einem gefetteten Backblech verteilen, mit
1/4 TL gerebeltem Oregano	
1 EL gehackter Petersilie	
Salz, Pfeffer	bestreuen, die Pizza mit
250 g Maasdamer	gleichmäßig belegen
Ober-/Unterhitze	200–220 °C (vorgeheizt)
Heißluft	180–200 °C (nicht vorgeheizt)
Gas	Stufe 4–5 (vorgeheizt)
Backzeit	etwa 25 Minuten.

Kartoffelkuchen mit Tomatensauce

750 g mehlig-kochende Kartoffeln	waschen, in Wasser zum Kochen bringen, in 20–25 Minuten gar kochen lassen, abgießen, abdämpfen, pellen
200 g gekochten Schinken	in Würfel schneiden
1 Zwiebel	abziehen, fein würfeln
20 g Butterschmalz	zerlassen, Schinken- und Zwiebelwürfel darin andünsten
	die Kartoffeln durch die Kartoffelpresse drücken, mit dem Schinken, der Zwiebel,
2 Eigelb **2 Eiern** **Salz** **weißem Pfeffer** **1/2 TL gerebeltem Majoran** **geriebener Muskatnuß**	verrühren
2 Eiweiß	steif schlagen
200 ml Schlagsahne	steif schlagen, die Hälfte beiseite stellen, Eiweiß und Sahne unterheben, den Kartoffelteig in eine gefettete, mit
20 g Semmelbröseln	ausgestreute Puddingform füllen, mit dem Deckel verschließen, die Form in einen hohen Kochtopf stellen, so viel
heißes Wasser	dazugießen, daß die Form zu etwa 2/3 im Wasser steht, erhitzen, den Kartoffelkuchen in etwa 60 Minuten gar kochen, herausnehmen, noch 10 Minuten in der Form stehenlassen.
	Für die Sauce
30 g Butterschmalz	erhitzen
25 g Weizenmehl	darin unter Rühren erhitzen, bis es hellgelb ist
125 ml (1/8 l) Gemüsebrühe **125 ml (1/8 l) Milch**	hinzugießen, zugedeckt bei milder Hitze etwa 10 Minuten kochen, mit Salz, Pfeffer, Muskatnuß abschmecken
3 Tomaten (etwa 250 g)	kurze Zeit in kochendes Wasser legen (nicht kochen lassen), in kaltem Wasser abschrecken, enthäuten, vierteln, die Stengelansätze herausschneiden, die Tomaten in Stücke schneiden, zusammen mit der zurückgelassenen Sahne unter die Sauce rühren, alles erhitzen, aber nicht mehr aufkochen
1 EL gehackte Petersilie **1 EL Schnittlauchröllchen**	unterrühren
	die Puddingform kurze Zeit in kaltes Wasser tauchen, den Kuchen rundherum am Rand mit einem spitzen Messer lösen, auf eine Platte stürzen, in Scheiben schneiden, mit der Sauce überziehen, warm servieren.

Käse-Kartoffel-Küchlein

(8 Stück)

Für den Teig

250 g Weizenmehl in eine Rührschüssel sieben
Salz
5 EL Wasser
150 g Butter in Flöckchen hinzufügen
die Zutaten mit den Knethaken des Handrührgerätes zunächst kurz auf niedrigster, dann auf höchster Stufe gut durcharbeiten, anschließend auf der bemehlten Arbeitsfläche zu einem glatten Teig verkneten, etwa 30 Minuten kalt stellen.

Für den Belag

150 g Staudensellerie putzen, waschen, die harten Außenfäden abziehen, in ½ cm schmale Streifen schneiden, in
kochendem Salzwasser etwa 4 Minuten blanchieren, zum Abtropfen auf ein Sieb geben
300 g Kartoffeln waschen, schälen, abspülen, fein reiben, ausdrücken, mit
125 g geriebenem mittelaltem Gouda
2 Eiern
125 ml (⅛ l) Schlagsahne verrühren, mit
Salz, Pfeffer
geriebener Muskatnuß würzen, die Selleriestücke unterheben, den Teig dünn ausrollen, 8 Teigplatten von 14 cm Durchmesser ausstechen, in 8 gefettete Förmchen geben, die Kartoffel-Käse-Masse darauf verteilen, mit den Speckwürfeln bestreuen, auf der untersten Schiebeleiste in den Backofen schieben
Ober-/Unterhitze etwa 200 °C (vorgeheizt)
Heißluft etwa 180 °C (nicht vorgeheizt)
Gas Stufe 3–4 (vorgeheizt)
Backzeit 25–30 Minuten.

Krabben-Kartoffel-Gratin

800 g Kartoffeln waschen, schälen, abspülen, in sehr dünne Scheiben schneiden, schuppfenförmig in eine gefettete flache Auflaufform schichten, mit
Salz, Pfeffer bestreuen
1 Becher (125 g) Kräuter-Crème-fraîche mit
1 Eigelb
Knoblauchpulver verrühren, mit Salz und Pfeffer abschmecken, über die Kartoffeln verteilen, die Form auf dem Rost in den Backofen schieben
Ober-/Unterhitze etwa 200 °C (vorgeheizt)
Heißluft etwa 180 °C (nicht vorgeheizt)
Gas Stufe 3–4 (vorgeheizt)
Backzeit etwa 40 Minuten
anschließend
150 g Shrimps auf dem Gratin verteilen
30 g Butter in Flöckchen darauf setzen, nochmals für 10 Minuten in den Backofen schieben.

Kartoffelhörnchen

	Für den Teig
300 g Weizenmehl	in eine Rührschüssel sieben
125 g Zucker	
100 g weiche Butter	
1 Ei	
1 Fläschchen Bittermandel-Aroma	hinzufügen, die Zutaten mit den Knethaken des Handrührgerätes zunächst kurz auf niedrigster, dann auf höchster Stufe gut durcharbeiten, anschließend auf der bemehlten Arbeitsfläche zu einem glatten Teig verkneten
250 g gekochte Kartoffeln	reiben, unter den Teig kneten den Teig auf der bemehlten Arbeitsfläche etwa 1/2 cm dick zu einer runden Platte ausrollen, eine runde Platte von etwa 40 cm Durchmesser ausschneiden, wie eine Torte in 12 Stücke schneiden
150 g feine Marzipan-Rohmasse	mit
2–3 EL Kirschwasser oder	
150 g Aprikosen-konfitüre	weich kneten, jeweils auf das breite Ende des Teiges etwas Marzipanmasse geben, die Teigstücke von der breiten Seite her so aufrollen, daß die Spitze nach oben kommt, zu Hörnchen formen, mit
verquirlter Eigelbmilch	bestreichen, auf ein gefettetes, mit Backpapier belegtes Backblech legen
Ober-/Unterhitze	170–200 °C (vorgeheizt)
Heißluft	150–180 °C (nicht vorgeheizt)
Gas	Stufe 3–4 (nicht vorgeheizt)
Backzeit	25–30 Minuten.

Süße Kartoffelpüfferchen

(Foto)

1 Päckchen Trocken-Backhefe	mit
1 TL Zucker	
125 ml (1/8 l) lauwarmer Milch	sorgfältig anrühren, etwa 15 Minuten bei Zimmertemperatur gehen lassen
1 kg Kartoffeln	waschen, schälen, abspülen, reiben
2 Eier	
2 gestr. TL Salz	und die Hälfte von
500 g gesiebtem Weizenmehl	unter die Kartoffelmasse rühren, die Hefe und das restliche Mehl dazugeben
250 g Rosinen	verlesen, unterrühren, Teig an einem warmen Ort etwa 1 Stunde gehen lassen, ihn anschließend gut durchschlagen, etwas von
200 ml Speiseöl	in einer Stielpfanne erhitzen, den Teig eßlöffelweise hineingeben, die Püfferchen auf beiden Seiten goldbraun backen.
Tip	Butter oder Sirup dazureichen.

Apfel-Kartoffel-Schaum

500 g säuerliche Äpfel	waschen, auf ein mit Alufolie belegtes Backblech setzen, in den Backofen schieben
Ober-/Unterhitze	etwa 220 °C (vorgeheizt)
Heißluft	etwa 190 °C (nicht vorgeheizt)
Gas	etwa Stufe 5 (vorgeheizt)
Backzeit	etwa 25 Minuten inzwischen
500 g mehligkochende Kartoffeln	waschen, in Wasser zum Kochen bringen, in 20–25 Minuten gar kochen lassen, abgießen, abdämpfen, pellen das Apfelfruchtfleisch aus der Schale lösen, mit den Kartoffeln durch ein Sieb streichen oder durch die Presse drücken
100 g Zucker	in einer Pfanne karamelisieren lassen, mit
1–2 EL Wasser	ablöschen, Karamel bei kleiner Hitze auflösen, die Apfel-Kartoffel-Masse hinzufügen, etwas einkochen lassen, bis die Masse kein Wasser mehr enthält
4 cl Calvados	unterrühren
100 g Backobst	kleinschneiden, mit
100 g Rosinen	
1 TL gemahlenem Zimt	
1 Prise gemahlener Macis	
1 Prise gemahlenem Piment	unterziehen
4 Eigelb	unterschlagen
4 Eiweiß	steif schlagen, unterziehen, die Masse in eine gefettete Auflaufform füllen, auf dem Rost in den Backofen schieben
Ober-/Unterhitze	etwa 220 °C (vorgeheizt)
Heißluft	etwa 190 °C (nicht vorgeheizt)
Gas	etwa Stufe 5 (vorgeheizt)
Backzeit	etwa 40 Minuten.

Karamelkartoffeln

(Foto)

750 g möglichst kleine, runde Kartoffeln	waschen, in Wasser zum Kochen bringen, in 15–20 Minuten knapp gar kochen lassen, abgießen, abdämpfen, heiß pellen, die Kartoffeln warm stellen
50 g Zucker	in einer Pfanne unter ständigem Rühren so lange erhitzen, bis er goldbraun ist
50 g Butter	hinzufügen, zerlassen, mit
1 TL Weißwein	ablöschen, die Kartoffeln 5–10 Minuten darin schmoren lassen
100 g durchwachsenen Speck	in Würfel schneiden, auslassen
2 Äpfel	schälen, vierteln, entkernen, die Apfelviertel in Scheiben schneiden, zum Speck geben, kurze Zeit miterhitzen, zu den Kartoffeln geben.
Tip	Karamelkartoffeln zu kurzgebratenem Fleisch oder Grünkohl reichen.

Exotischer Kartoffelauflauf

1 kg Kartoffeln	waschen, in Wasser zum Kochen bringen, in 20–25 Minuten gar kochen, abgießen, abdämpfen, heiß pellen, in feine Streifen schneiden, erkalten lassen von
1 Zitrone (unbehandelt)	
4 Orangen (unbehandelt)	die Schale abreiben, über die Kartoffeln streuen, Zitrone und Orangen schälen, in Scheiben schneiden
220 g Ananasstücke (aus der Dose)	
175 g Mandarinen (aus der Dose)	
	beide Zutaten abtropfen lassen, den Ananassaft zurücklassen, abwechselnd Kartoffeln, Mandarinen, Zitronen-, Orangenscheiben, Ananasstücke in eine gut gefettete Auflaufform schichten, die oberste Schicht soll aus Kartoffeln bestehen, den Ananassaft mit
etwas Salz	
5 EL Butter	unter ständigem Rühren zum Kochen bringen, kurze Zeit kochen lassen, über den Auflauf gießen, die Form auf dem Rost in den Backofen schieben
Ober-/Unterhitze	200–220 °C (vorgeheizt)
Heißluft	180–200 °C (nicht vorgeheizt)
Gas	Stufe 3–4 (vorgeheizt)
Backzeit	etwa 45 Minuten.

Kartoffel-Marzipan-Pudding

(Für 6 Personen – Schnellkochtopf)

300 g Kartoffeln	waschen, in Wasser zum Kochen bringen, in 20–25 Minuten gar kochen, abgießen, abdämpfen, pellen, durch die Presse drücken
200 g Backpflaumen	in
100 ml Mandellikör	aufkochen, abkühlen, abtropfen lassen, den Likör auffangen, die Pflaumen grob hacken
50 g Butter	mit
100 g Marzipan-Rohmasse	mit den Rührbesen des Handrührgerätes cremig rühren, nach und nach
3 Eigelb	unterrühren, schaumig schlagen, mit
50 g Semmelbröseln	und dem Kartoffelbrei verrühren
3 Eiweiß	steif schlagen, unter die Masse heben, Pflaumenstückchen unterziehen eine Wasserbadform samt Deckel mit
20 g Butter	ausfetten, mit
Semmelbröseln	ausstreuen, Marzipanmasse einfüllen, mit dem Deckel verschließen, die Form in den Schnellkochtopf stellen, so viel Wasser hinzugießen, daß die Form bis zu 1/3 im Wasserbad steht, den Topf schließen den Pudding auf der 1. Stufe in etwa 30 Minuten garen lassen, Pudding stürzen, mit dem zurückbehaltenen Likör begießen.

Kartoffelpudding

750 g Kartoffeln	waschen, schälen, abspülen, halbieren, in Wasser zum Kochen bringen, in 15–20 Minuten gar kochen lassen, abgießen, heiß durch die Presse geben, kalt stellen
60 g Butter oder Margarine	schaumig rühren, nach und nach Kartoffeln,
2–3 Eigelb 100 g geriebenen Käse Salz geriebene Muskatnuß	hinzufügen
2–3 Eiweiß	steif schlagen, unterheben, die Masse in eine mit
Margarine	gefettete, mit
Semmelbröseln	ausgestreute Puddingform füllen (diese darf höchstens zu 3/4 gefüllt sein), die Form mit dem Deckel verschließen, in einen hohen Kochtopf mit kochendem Wasser setzen, in etwa 1 1/4 Stunden garen lassen, den garen Pudding auf eine vorgewärmte Platte stürzen, mit
2–3 EL gebräunter Butter	übergießen.
Abwandlung	Die Masse mit geriebenem Käse bestreuen, mit Butterflöckchen belegen, in einer Auflaufform im Ofen backen.
Beilage	Tomatensauce, Grüner Salat.

Kartoffel-Kümmel-Waffeln

(4–6 Stück)

2 große, mehligkochende Kartoffeln	waschen, in Wasser zum Kochen bringen, in 20–25 Minuten gar kochen lassen, abgießen, abdämpfen, noch heiß pellen, durch die Kartoffelpresse drücken den Kartoffelbrei mit
4 Eiern 50 g gesiebtem Weizenmehl (Type 1050) 50 g geriebenem Parmesan-Käse 1 TL gemahlenem Kümmel	vermengen, mit den Rührbesen des Handrührgerätes zu einem dickflüssigen Teig verarbeiten, wenn nötig etwas
Mineralwasser	hinzufügen, das Waffeleisen vorheizen, evtl. mit
1 Speckschwarte oder etwas Butterschmalz	einreiben, den Teig in Portionen hineingeben, goldbraune Waffeln daraus backen, nach jedem Backen das Waffeleisen wieder einfetten, die Kartoffel-Kümmel-Waffeln warm servieren.

Powidl-Tascherl

(Foto)

1 kg Kartoffeln waschen, in Wasser zum Kochen bringen, in 20–25 Minuten gar kochen lassen, abgießen, abdämpfen, pellen, heiß durch die Kartoffelpresse geben, über Nacht zugedeckt kühl stellen, mit
250 g Weizenmehl
2 Eiern
Salz zu einem glatten Teig verarbeiten, den Teig auf einer mit
Weizenmehl bestreuten Arbeitsfläche etwa 3 mm dick ausrollen, mit einer runden Form (Durchmesser etwa 8 cm) Plätzchen ausstechen.

Für die Füllung

200 g Pflaumenmus mit
1 TL Rum verrühren, jeweils ½ Teelöffel davon auf die Teigplätzchen geben
1 Ei mit
1 TL Wasser verschlagen, die Teigränder damit bestreichen, die Plätzchen zusammenklappen
4 l Wasser mit Salz zum Kochen bringen, die Halbmonde hineingeben, zum Kochen bringen, in etwa 8 Minuten gar ziehen lassen, mit einem Schaumlöffel herausnehmen, gut abtropfen lassen, in einer vorgewärmten Schüssel anrichten, warm stellen
50 g Butter in einer Pfanne zerlassen
50 g Semmelbrösel hinzufügen, unter ständigem Rühren darin bräunen lassen, über die Powidl-Tascherl geben
50 g Zucker mit
1 TL gemahlenem Zimt mischen, zu den Powidl-Tascherl reichen.

Zwetschenknödel

1¼ kg Kartoffeln waschen, in Wasser zum Kochen bringen, in 20–25 Minuten gar kochen lassen, abgießen, abdämpfen, heiß pellen, sofort durch die Kartoffelpresse geben, bis zum nächsten Tag kalt stellen, 1 kg von den durchgepreßten Kartoffeln abwiegen, durch ein Sieb streichen, nach und nach
2 Eier
Salz
60 g Weizengrieß
80 g Weizenmehl hinzufügen, zu einem glatten Teig verkneten, aus dem Teig mit bemehlten Händen runde Klöße formen
16–20 Zwetschen waschen, entsteinen, je 1 Zwetsche in jeden Kloß drücken, die Klöße in
Salzwasser geben, zum Kochen bringen, in 10–15 Minuten gar ziehen lassen
etwa 100 g Butter zerlassen
Zwiebackkrumen (etwa 75 g) darin bräunen, über die Klöße geben.
Tip Anstatt mit Zwetschen mit entsteinten Aprikosen füllen.

Kartoffelstrudel

	Für den Teig
300 g Weizenmehl	in eine Rührschüssel sieben
1 Ei, Salz	
1 EL Speiseöl	dazugeben
100 ml warmes Wasser	mit
1/2 EL Weinessig	mischen, hinzufügen, alle Zutaten mit den Knethaken des Handrührgerätes zunächst auf niedrigster, dann auf höchster Stufe gut durcharbeiten, anschließend auf der Arbeitsfläche zu einem glatten Teig verkneten, sollte er kleben, ihn eine Zeitlang kalt stellen, den Teig auf Pergamentpapier in einen heißen, trockenen Kochtopf legen (vorher Wasser darin kochen), mit einem Deckel verschließen, etwa 30 Minuten ruhen lassen.
	Für die Füllung
60 g Butter	geschmeidig rühren, nach und nach
60 g Zucker	
2 Eigelb	hinzufügen, rühren, bis eine cremige Masse entstanden ist
abgeriebene Schale und Saft von 1 Zitrone (unbehandelt)	
50 g abgezogene, gemahlene Mandeln	
125 ml (1/8 l) Schlagsahne	dazugeben
30 g Rosinen	verlesen
250 g gekochte Kartoffeln	noch heiß pellen, durch die Kartoffelpresse geben, beide Zutaten unter den Teig rühren
2 Eiweiß	steif schlagen, vorsichtig unterheben, den Strudelteig etwas auf einem bemehlten großen Tuch (Tischtuch) ausrollen, mit den Händen zu einem Rechteck von 50 x 70 cm dünn ausziehen die Teigplatte, bis auf einen Rand von etwa 3 cm mit
Semmelbröseln	bestreuen, darauf gleichmäßig die Füllung verteilen, den Teig von der längeren Seite her, mit der Füllung beginnend, aufrollen, an den Enden gut zusammendrücken, auf ein gefettetes Backblech legen
20 g Butter	zerlassen, den Strudel damit bestreichen, mit
Zucker	bestreuen
Ober-/Unterhitze	200–220 °C (vorgeheizt)
Heißluft	180–200 °C (nicht vorgeheizt)
Gas	etwa Stufe 5 (vorgeheizt)
Backzeit	etwa 50 Minuten.

Kartoffeltorte

250 g Kartoffeln	waschen, in Wasser zum Kochen bringen, in 20–25 Minuten gar kochen lassen, abgießen, abdämpfen, etwas abkühlen lassen, noch warm pellen, die Kartoffeln zugedeckt etwa 12 Stunden stehenlassen, fein reiben

50 g Rosinen	in eine Schüssel geben, mit
4 cl Rum	beträufeln, etwa 1 Stunde ziehen lassen
6 Eigelb	schaumig schlagen, nach und nach
150 g Zucker	
Salz	
abgeriebene Schale von 1 Zitrone (unbehandelt)	
50 g feingewürfeltes Zitronat (Sukkade)	dazugeben, die geriebenen Kartoffeln, die gut abgetropften Rosinen unterrühren
6 Eiweiß	steif schlagen, vorsichtig unterheben, den Teig in eine gefettete, mit
Semmelbröseln	ausgestreute Springform (Durchmesser etwa 24 cm) füllen, glattstreichen, die Form auf dem Rost in den Backofen schieben
Ober-/Unterhitze	180–200 °C (vorgeheizt)
Heißluft	160–180 °C (nicht vorgeheizt)
Gas	Stufe 3–4 (vorgeheizt)
Backzeit	etwa 1 Stunde
	nach dem Backen die Torte etwa 5 Minuten in der Form stehenlassen, den Rand mit einem Messer lösen, die Torte auf einen Kuchenrost stürzen, den Boden der Form abheben
	die Torte mit
Puderzucker	bestäuben.

Kartoffeltorte mit Haselnüssen

250 g gekochte, warme Kartoffeln	durch ein Sieb passieren
3 Eigelb	mit
180 g Zucker	verrühren, die warmen Kartoffeln hinzufügen
50 g gemahlene Haselnußkerne	
2 EL Rum	unterrühren
3 Eiweiß	steif schlagen, unterheben, den Teig in eine gefettete mit
Semmelbröseln	ausgestreute Springform (Durchmesser etwa 26 cm) füllen
Ober-/Unterhitze	170–200 °C (vorgeheizt)
Heißluft	150–170 °C (nicht vorgeheizt)
Gas	etwa Stufe 3 (vorgeheizt)
Backzeit	30–35 Minuten
	die Torte aus der Form nehmen, stürzen, erkalten lassen
300 g Aprikosenkonfitüre	mit
6 EL Wasser	unter Rühren etwas einkochen lassen, die Torte waagerecht einmal durchschneiden, 2/3 der Aprikosenkonfitüre auf den unteren Boden streichen, die Torte zusammensetzen, die restliche Aprikosenkonfitüre auf die Oberfläche und am Rand verstreichen
100 g Zartbitter-Kuvertüre	in einem kleinen Topf im Wasserbad bei schwacher Hitze geschmeidig rühren, die Torte damit überziehen.

Ratgeber

Die Urheimat der Kartoffel liegt in Südamerika. Nach Europa kam die Kartoffel etwa Ende des 16. Jahrhunderts. Zuerst wurde sie in Italien angebaut, wo man sie wegen ihrer Ähnlichkeit mit Trüffeln zuerst „tartufoli" nannte, ein Wort aus dem später der Begriff „Kartoffel" entstanden ist.
In Deutschland wurden die ersten Kartoffeln zunächst nur wegen der hübschen Blüte als Zier- und Gartenpflanze beachtet. Erst in der zweiten Hälfte des 18. Jahrhunderts erkannte man den Wert der Kartoffelknolle als Nahrungsmittel.

Botanisch gesehen gehört die Kartoffel zur Familie der Nachtschattengewächse. Das, was auf unseren Tellern landet, ist aber keine Frucht, sondern eine unterirdische Sproßverdickung, die der Pflanze als Reservespeicher und als Vermehrungsorgan dient.
Als Frucht trägt die Kartoffelpflanze grüne Beeren.
Kartoffeln sind eines der wichtigsten Grundnahrungsmittel. Insbesondere ihr Eiweißgehalt macht sie so wertvoll. Er liegt nur bei 2 %, der Wert der Eiweißbestandteile ist jedoch sehr hoch. Kartoffeleiweiß steht nach Sojaeiweiß an zweiter Stelle der pflanzlichen Produkte. Unter den Mineralstoffen ist der hohe Kaliumgehalt hervorzuheben, aber auch Magnesium, Mangan und Phosphor sind von Bedeutung. Kartoffeln sind eine wichtige Vitamin-C-Quelle für uns. Der Gehalt nimmt jedoch im Laufe der Lagerung langsam ab. Das als giftig bekannte Solanin ist in den heutigen Kartoffelsorten in nur sehr geringen Konzentrationen vorhanden, so daß keine Gesundheitsgefährdung eintreten kann. Lichteinwirkung führt jedoch zu erhöhter Solaninbildung und gleichzeitig zum Ergrünen der Knollen. Daher sollten grüne oder angegrünte Kartoffeln nicht mehr verzehrt werden. Beim Kochen geschälter Kartoffeln geht ein Teil des Solanins in das Wasser über.

Kartoffel ist nicht gleich Kartoffel

Heute gibt es über 150 verschiedene Kartoffelsorten, von denen ein großer Teil, die Wirtschaftssorten, für Fütterung und Industrie gezüchtet wurde.
Speisekartoffeln werden nach Reifezeiten – von Anfang Juni bis Ende Oktober – eingeteilt.

Kartoffelsorten

Sehr frühe Sorten (Anfang Juni bis Mitte Juli)
Sie eignen sich nicht zur Einlagerung, sondern müssen schnell verbraucht werden. Die Sorten sind meist oval und haben eine hellgelbe bis gelbe, meist glatte Schale.
Bekannte Sorten: Akula, Atica, Berber, Christa, Gloria, Hela, Karatop, Leyla, Rosara, Ukama.

Frühe Sorten (Anfang Juli bis Mitte August)
Sie können bis zum Herbst gelagert werden. Die Sorten sind rundoval bis lang und besitzen eine gelbe, genetzte Schale.
Bekannte Sorten: Arnika, Cilena, Cinja, Forelle, Karat, Rikea, Sieglinde.

Mittelfrühe Sorten (von Mitte August bis Ende September)
Sie eignen sich zur Einkellerung. Das Aussehen schwankt je nach Sorte sehr.
Bekannte mehligkochende Sorten: Adretta, Likaria, z. T. auch Agria, Quarta, Solara.
Bekannte festkochende Sorten: Exquisa, Grandifolia, Granola, Hansa, Koretta, Linda, Liu, Nicola, Roxa, Secura, Selma, Solina.

Mittelspäte bis späte Sorten (von Mitte September bis Ende Oktober)
Sie eigenen sich zur Einkellerung und sind meist mehligkochend. Die Fleischfarbe ist gelb bis dunkelgelb.
Bekannteste Sorte: Aula.

Kocheigenschaften

Je nach Stärkegehalt, der mit zunehmender Reife der Knollen ansteigt, ändern sich auch die Kocheigenschaften. Festkochende Kartoffeln (z.B. Sieglinde, Cilena, Hansa, Nicola, Linda) haben den geringsten Stärkegehalt und behalten nach dem Kochen ihre feste Struktur. Sie schmecken in Form von Salaten, Salzkartoffeln, Bratkartoffeln, Fritiertem am besten.
Vorwiegend festkochende Kartoffeln (z.B. Arkula, Arnika, Christa, Gloria, Cinja, Granola) haben nach dem Garen eine mittelfeste, gelegentlich leicht mehlige Struktur und springen etwas auf. Sie werden meistens für Salzkartoffeln, Pellkartoffeln, Bratkartoffeln und in Eintöpfen verwendet.
Mehligkochende Kartoffeln (z.B. Adretta, Bintje, Aula) haben einen sehr hohen Stärkegehalt (bis zu 20 %) und sind für Kartoffelpüree, Kartoffelklöße, Suppen und Eintöpfe geeignet. Beim Kochen springen sie stärker auf; ihre Struktur ist locker und grobkörnig.

Tips zur Einkellerung

Tips zur richtigen Lagerung:

* Die Kartoffeln sollen unbeschädigt, nicht ergrünt, trocken, sauber und von einer Sorte sein.
* Vor dem Einkauf einige Knollen durchschneiden und prüfen.
* Verschiedene Sorten nicht vermischen.
* Kartoffeln auf Lattenrosten oder in Horden lagern, so daß die Luftzufuhr auch von unten kommen kann.
* Kartoffeln nicht in Folie lagern, Gittersäcke sind dagegen möglich.
* Kartoffeln in kühlen, trockenen, abgedunkelten Räumen lagern. Kartoffeln mit Papier oder Säcken abdecken. Dies vermindert die Verdunstung und verhindert ein vorzeitiges Schrumpfen und Ergrünen .
* Eine Lagertemperatur von 4–6 °C ist ideal. Bei höheren Temperaturen bilden sich Keime und grüne Stellen, bei Frost wandelt sich die Stärke der Kartoffel in Zucker um, so daß die Knollen süßlich schmecken.

Zubereitung und nützliche Geräte

So vielseitig wie Kartoffeln lassen sich andere Beilagen mit Sicherheit nicht zubereiten. Als Salz- und Pellkartoffeln, Püree und Klöße, als Rösti und Kroketten sind sie willkommene Beilagen.
In Fett ausgebackene Kartoffeln gelingen am besten, wenn sie nach dem Zuschnitt sorgfältig abgetrocknet und im Fritiertopf bei 180 °C in heißem Fett goldbraun ausgebacken werden. In der Friteuse kann die Temperatur eingestellt werden, im Fritiertopf prüft man entweder mit dem Thermometer oder hält einen Holzlöffel ins Fett. Wenn sich an diesem kleine Bläschen bilden, hat das Fett die richtige Fritiertemperatur. Für das Fritieren nur hocherhitzbares, frisches Fett verwenden.

Für Kartoffelteige und -pürees brauchen Sie eine Kartoffelpresse oder einen Kartoffelstampfer. Eine Kartoffelpresse hat den Vorteil, daß die Kartoffeln besonders fein werden und gut zu einem Teig verarbeitet weden können. Mit einem Kartoffelstampfer können die Kartoffeln, z.B. für Kartoffelpüree direkt im Topf zerkleinert werden.
Für Kartoffelpuffer oder rohe Kartoffelklöße ist eine Kartoffelreibe günstig. Gemüsereiben haben häufig größere Löcher, so daß sie nicht immer als Ersatz genommen werden können.
Für Bratkartoffeln oder Rösti ist auch die richtige Pfanne von Bedeutung. In einer beschichteten Pfanne gelingen z.B. Kartoffelpuffer und Rösti besonders gut.

Zum Pellen von Kartoffeln gibt es spezielle dreizinkige Gabeln, so daß man sich beim Schälen der Kartoffeln nicht die Finger verbrennt.
Da die meisten Vitamine der Kartoffel direkt unter der Schale sitzen, sollten rohe Kartoffeln möglichst dünn, am besten mit einem Sparschäler geschält werden. Damit die Vitamine beim Kochen nicht verlorengehen, empfiehlt es sich Kartoffeln in einem Dämpfeinsatz zu kochen, da sie auf diese Weise nicht direkt im Wasser liegen und nicht ausgelaugt werden. Es gibt günstige Dämpfkörbchen, die in der Größe verstellbar sind und somit in jeden Topf eingesetzt werden können.
Damit rohe Kartoffeln in dünne, gleich dicke Scheiben geschnitten werden können, die für Gratins oder Bratkartoffeln gebraucht werden, ist ein Gurkenhobel hilfreich.

Besonders vielfältig ist Kartoffelteig. Dafür brauchen Sie 750 g Kartoffeln, 30 g Butter, 2 Eigelb, 3 EL Weizenmehl, Salz, geriebene Muskatnuß. Zum Panieren: 2 Eier, Semmelbrösel. So entsteht der Teig: Die heißen Kartoffeln durch die Kartoffelpresse drücken, die Butter unterrühren, etwas abkühlen lassen. Eigelb und Mehl unterrrühren. Mit Salz und Muskatnuß abschmecken.

Aus dem Kartoffelteig Rollen von etwa 3 cm Durchmesser formen, diese in Portionsstücke schneiden. Daraus nach Wunsch Birnchen, Bällchen oder Kroketten formen. In verschlagenem Eigelb und Semmelbröseln wenden. In Birnchen 1 Stück Spaghetti als Stiele einstecken. Bällchen oder Kroketten so lassen oder noch in Mandelblättchen wälzen, so lange ausbacken, bis sie goldbraun sind. Auf Haushaltspapier abtrocknen lassen.

Eine andere Möglichkeit Kartoffelteig zu verarbeiten sind Herzoginkartoffeln oder Pommes duchesse. Dafür 750 g frisch gekochte, abgedämpfte Salzkartoffeln durch eine Presse drücken. 1 Ei und 20 g Butter untermischen, mit Salz und geriebener Muskatnuß abschmecken. Die Masse in einen Spritzbeutel mit großer Sterntülle füllen. Kleine Rosetten auf ein gefettetes Backblech spritzen. Mit verquirlter Eigelbmilch bestreichen. Im vorgeheizten Backofen etwa 10 Minuten bei 200–220 °C goldgelb backen.

Inhaltsübersicht

Alphabetisches Register

Umwelthinweis	Dieses Buch und der Schutzumschlag wurden auf chlorfrei gebleichtem Papier gedruckt. Die Einschrumpffolie – zum Schutz vor Verschmutzung – ist aus umweltfreundlicher und recyclingfähiger PE-Folie.
	Wenn Sie Anregungen, Vorschläge oder Fragen zu unseren Büchern haben, rufen Sie uns an (0521) 520642 oder schreiben Sie uns: Ceres Verlag, Postfach 100385, 33503 Bielefeld. Wir antworten umgehend.
	Die Rezepte in diesem Buch sind – wenn nicht anders angegeben – für 4 Personen berechnet.
Wir danken für die freundliche Unterstützung	Bauer Verlag Service KG, Hamburg Frau Antjes Feinschmecker-Studio, Aachen GCI Ringpress, Frankfurt Ketchum Public Relations, München
Copyright	© 1995 by Ceres Verlag Rudolf August Oetker KG, Bielefeld
Redaktion	Eva Müller
Titelfoto Foodstyling	Fotostudio Toelle, Bielefeld Ursula Stiller, Bielefeld
Innenfotos	Herbert Maass, Hamburg Christiane Pries, Borgholzhausen Bernd Wohlgemuth, Hamburg
Satz	Reiner Haselhorst, Werther
Reproduktionen	Hirt & Carter (Europe) GmbH, Peissenberg
Herstellung	G. Canale & C. S. p. A.-, Borgaro T. se-Turin, Italy
	Nachdruck, auch auszugsweise, nur mit unserer ausdrücklichen Genehmigung und mit Quellenangabe gestattet.
	ISBN 3-7670-0351-1